日本人と日本文化

與

司馬遼太郎　對談　唐納德基恩

吳守鋼　譯

推薦序　看熱鬧也是看門道

傅月庵　作家、編輯人

日本人喜歡聊，幾個人湊一起談天說地。談話性綜藝節目是最好例子，得風氣之先的，似乎也就從日本電視螢幕開始。再往前推，二次大戰後日本平面媒體格外發達，雜誌成千上萬，最簡單的企劃，便是兩人的「對談」，三人的「鼎談」，乃至乾脆一批人排排坐的「座談會」。這種形式，你一言我一句熱鬧不說，口語紀錄也易懂，於是成了時代寵兒。作家兼評論家丸谷才一（一九二五～二〇一二）據說是此道高手，曾與劇作家山崎正和（一九三四～二〇二〇）對談超過百次，真是不可思議！

華山論劍不簡單

華人或受金庸小說影響，常把「對談」稱為「華山論劍」，彷彿刀光劍影，一決勝負。這樣說自有其道理。就座談而言，兩人對談，焦點集中；三人鼎談容易閃躲偷懶；至於座談會，時間分一分，每人講不了幾句。此或所以世人幾乎公認：兩個恰恰好，「對談」才是談之王道，最是正宗！

對談卻也不如想像的簡單，張口就來，說了就是。理想的對談，最重要的是雙方得旗鼓相當，棋逢對手才行，倘使強弱分明，一回合KO，那就掃興了。其次是勢均力敵的雙方，邊談也得有「聽眾意識」，一面和對方談，一面也得體貼到聽眾，不能你們講得興高采烈，口沫橫飛，聽眾聽得面面相覷鴉鴉烏。再者，要能講會講，至少邏輯前後一貫，口語表達清楚，最好表面舉重若輕，談笑風生，實則機鋒閃現，刀刀入骨。——能符合這兩項條件，滿肚子學識還說得出口的，老實說不多，碰到了算運氣。

讓司馬遼太郎跟唐納德基恩對談「日本人與日本文化」，恰恰就是不多中的少見，稱得上「因緣殊勝」。

關於唐納德基恩

基恩是美國紐約人，先是對中文感興趣，十八歲偶然讀到《源氏物語》英譯本，就此轉習日文，研究日本，戰時已可擔任軍隊日文翻譯，二次大戰後，陸續獲得碩士、博士學位。一九五二至五三年，他曾留學京都大學，返美後隨即編寫出版《日本文學選集．古典篇》（Anthology of Japanese Literature）和《日本文學選集．近代篇》（Modern Japanese Literature: An Anthology）。兩書選譯從《萬葉集》、《源氏物語》一直到三島由紀夫、太宰治的日本文學作品，內容包括小說、散文、和歌、連歌、俳句、漢詩文、能、狂言和淨琉璃等，其艱難可想而知，而他當時也不過三十五歲而已。

此後基恩任教哥倫比亞大學超過五十年，成了舉世公認的日本文學研究權威，一般認為他很可以接下曾任駐日大使的哈佛大學賴世和教授（Edwin Oldfather Reischauer，一九一〇～一九九〇）的「日本通」棒子，尤當他在一九七六～一九九七年，耗費二十一年時間，獨自完成十八卷的巨著《日本文學史》之後，更是如此。

基恩對於日本文化的仰慕，或可從他的日文名字「鬼怒鳴門」略窺一斑，這四字日文讀若「キーン・ドナルド」實即 Keene Donald 的發音，這不禁讓人想起因為仰慕愛倫坡（Edgar Allan Poe），而將筆名取為「江戶川亂步」（エドガー・アラン・ポー）的日本推理小說家平井太郎。因為這樣的仰慕，基恩晚年獲得日本文化勳章，收養日本義子，歸化成日本人，死於日本，還被追贈「從三位」，似乎也就不是那麼難以理解了。

司馬遼太郎傳奇

另一位對談人更是大大有名，與其說他是小說家，不如說他是日本歷史研究者。關於他的傳奇簡直說不完：據說他開始要寫某本書，東京神保町舊書店的相關參考書籍便會在一夜之間通通跑到他的書房裡；據說他以前在報社上班時，每天總要撕下一頁百科全書來默背；據說他自創出一套照相速讀法，喝一杯咖啡的時間裡便可看完三冊文庫本……他活著的時候每年總在日本作家納稅排行榜名列前茅，死後許多年，還被讀者推選為「二十世紀日本最有人氣的作家」。

「司馬遼太郎」這個名字一樣寓意深遠，代表他的某種仰慕。司馬指「司馬遷」，遼指「遙遠」，至於是自謙遠遠不及司馬遷或自勉要遠遠超過司馬遷，那就隨人解釋了。但或也因為這樣，他在創作歷史小說時，總要親自到歷史現場採訪，觀察變動有限的山川地貌，感受相似的空氣流動，同時閱讀大量文獻，譬如撰寫《龍馬行》便足足參考三千多本書，總重量約略一公噸，最後方才以自己獨有的「鳥瞰敘事法」，從空中俯視撰寫他所看到的這一段歷史過程。他的小說幾乎都是如此這般寫成，穿越今古時空，成就一代文豪。

有趣的是，司馬遼太郎最為人所知的作品，是暢銷數百萬套「明治維新三部曲」：《龍馬行》、《宛如飛翔》、《坂上之雲》。而基恩在司馬死後五年，以七十九歲高齡寫成了上下兩冊，厚逾一千頁的《明治天皇》。兩人共同關注的焦點，於此可知，要說是旗鼓相當，棋逢對手，一點不為過！

滿地珠璣，俯拾皆是

《日本人與日本文化》雖然成書於一九七二年，距今超過五十年，卻一點沒有過時，且讀來趣味盎然，原因兩人都是高斲輪高手，「論大不拘小」，無論歷史的大勢，政治的流變，人物的奇絕，三言兩語便抓住重點所在，你來我往觸類旁通出獨特見解，這種言人所未曾言的珠璣見解，隨處可見，撿到了都是寶，值得細細咀嚼，例如：

- 日本人非常在乎外國人的一舉一動、會讓外國人怎麼想，被外國人看不起將會是不得了的事情的這一種想法從古就有。
- 從原型上來看，日本人其實是「婀娜窈窕」的民族。

● 在日本，若說到中國詩人首推的是白居易吧。他是位具有女性化一面的詩人，而杜甫這方面完全沒有。像那樣具有男性氣質的詩人是罕見的吧。我總覺得有了芭蕉（日本人）才開始領略到了杜甫略勝一籌之處。

●（明治以後的文學）子規是「婀娜窈窕」式的，而漱石是「豪傑壯士」式的吧。

● 比起政治上的正義，更喜歡美學上的英雄這一面還是有的。與其說託了此人之福被拯救了，還不如說此人極具教養，營造了一座像模像樣的茶室，反而被看成有風度了。

● 豐臣秀吉這個人非常難搞，德川家康最終是完成江戶體制的人，對此，千古功罪，自有評說，作為政治家，他確實完成了一件了不起的大事。但不為人所看重。如果這麼說別人一句：這傢伙是家康型的人，會引起爭執的；但如果說，你倒是如太閤一樣，被說的人一定笑嘻嘻。

「其樂趣在於不僅不知道對手會說出什麼，而且也不知道被對手的談話所觸發，自己會說出什麼，在對談中不斷出現自也全然沒想到的新想法。為了自由地展開觀點，需要對手；沒有對手，思想只能原地踏步。」日本生態學家梅棹忠夫（一九二〇～二〇一〇）論「對談」這件事時，曾說過這樣的話，拿來點讚司馬與基恩的對談精髓，似乎也無不可。——能看到兩位高手華山論劍，誠然是身為讀者的一種幸福吧！

書中「†」為譯者註「‡」為編輯註。

日本人與日本文化

司馬遼太郎　唐納德基恩

序

如果一定要把我和唐納德基恩氏之間拉上一點關係的話，那麼，除了我們是隔著太平洋這個水塘而共同體驗了那場戰爭這個意義上來說的戰友以外，別無其他。很可惜，對我來說，雖然完全不能理解那場戰爭究竟有什麼意義，但是至少從日本文化這一個世界來看，如果沒有那場戰爭，在這個文化圈裡就不可能擁有唐納德基恩氏這樣一個天才了。

我和基恩氏認識以後，對他有著種種不可思議的印象。他看上去已經到了鬢髮斑白的年齡，但我從來沒有見過比他更容易重新回到自己的少年時代的人了。我覺得在那柔軟有如小鳥的絨毛一樣美麗的睫毛下面的那雙眼睛，總是備有著少年似的驚訝和錯愕，同時，用他那具有智慧性的好奇心和感受性來捕捉住事物，並且在捕捉住以後，又立即蒸餾使之滴下真實之火不停地燃燒下去。這火焰，自從在紐約昏暗的地鐵車站上，一邊坐著，一邊緊盯著自己收集書寫的漢字，思考著其中那不可思議的魅力和那遙遠的世界裡充滿著未知的文明，有如不熄的明燈一直持續地燃燒著的少年時代。是戰爭把這個少年拖進了學習日語的命運中去了。不久，在日本文學這一人類所持有的特異世界裡裝上強有力的普遍性翅膀的工作就由這個人來承擔了。

我是偶然生為日本人的。僅僅是區政府機關裡有我的戶口在，我才屬於日本國的一員而已，也僅僅是這樣一個理由，讓我產生了若說對日本的了解，捨我其誰的錯覺。許多日本人肯定也和我相似，都抱有同樣的錯覺。等發覺有時這不過是一個錯覺時，不覺又對這一點愕然失色。而讓我們常常如此愕然失色的起因就是唐納德基恩的著作。

「您能和基恩先生進行一次對談嗎？」

向我提議的是中央公論社會長島中鵬二。當初，我覺得沒有比這更鬱悶的了，便一口拒絕了。我算是被收入在日本作家名冊裡的一個，不過那些名冊都是別人編的，我自己本身並沒有把自己看作是作家，反而拚命希望不要被當作作家來看。還有，我自己所寫的東西是小說還是別的什麼自己沒有規定過，我自己深知如果這樣規定了我會連一個字也寫不出來。這是因為首先對我來說，最不熟悉的世界就是日本文學史。我沒有在日本文學史這樣一層重壓下，一邊苦苦掙扎一邊寫著小說或者類似的東西的勇氣，所以，盡量拒絕有關這一類的知識進入自己的頭腦。

但是，唐納德基恩氏不僅對日本文學具有著素質極其良好的感受性和知識，而且他還是一個正在著手至今為止沒有誰能夠完成的艱鉅的日本文學史的寫作的大學問家。

「如果基恩先生能捨棄有關日本文學的話題不談，敝人願意奉陪。」

我向島中提出了對我有利而對基恩先生並無一利的方案，不過，基恩先生還是爽快地接受了。結果才促成了此次的對談。另外我還對島中提出了這樣一個要求。

「請安排一個虛構出來的又看似偶然的環境。也就是說，這兩個同年代的對日本人和日本文化抱著興趣的人，無意中在街上相遇，便漫不經心地站著聊了起來。如果有這麼一個形式，真是感激不盡了。」

對我如此的建議，基恩先生也完全表示了理解。

雖說是大冷天，我們還是在大和的平城宮址見了面。那是初次的相會。傍晚時分，在奈良投宿共飲；第二次是在京都的銀閣寺見面。等到參觀的人都離開了以後的夜晚，銀色沙灘的對面，那深藍色的夜空上掛著鐮刀似的月亮。完全就如舞台上的一幕佈景，讓人誤以為是中央公論社特意發射了一個月亮那樣，真是一派恰到好處的風景；而第三次是坐在象徵著江戶末期「蘭學」流行的大阪「適塾」裡已經泛紅的草蓆上見面的。然後又去了港口商業鬧市的一個名叫「丸治」的小酒店裡的二樓對談。大阪是我的故鄉，但是我卻連基恩先生萬分之一的有關近松和西鶴的談資都沒有。使這煞費苦心的浪華的舞台實在顯得冷清。

「這附近也許是芭蕉臨終之地吧？」

還是一個芭蕉研究學家的基恩既然這樣說出了口，我這個作為這塊土地的居住者就不得不作一番嚮導了。確實，中學的時候，看見過御堂筋的一角的「花屋」處豎有那麼一塊石碑的，憑著我的一點微弱記憶。在御堂筋裡兜了一個又一個地方，總算在路旁一小塊綠地上看見了那塊豎著的石碑的時候，老實說，心裡像一塊石頭落了地。

「還在呢。」

我這樣說了一句，基恩先生一邊自言自語地跟了一句「是的。」一邊蹲下身來湊近了碑面。我連擦了幾根火柴，為他提供了一點微光。如果說，對他的芭蕉研究我起過什麼作用的話，那就是這幾根火柴的火光了吧。

之後，我們準備搭計程車去大阪的北面。我站著，等著招呼汽車開過來，可是左等右等之後才發現不管什麼車都往南面去。御堂筋座落在只往南去的單行通道的地方。

「司馬先生，這裡不是單行道嗎？」

從紐約來的基恩在提醒著我。我也忍不住笑了起來。「對，對。我確實在報上看到過」，說著，便拉著基恩先生換了一個等的地方。夜晚的港口，不見有什麼行人，感覺就像在森林裡漂游一般。總算找到了前往北面的道路，而基恩先生也肯定對我的辨不清方向吃驚不小吧。我在向大阪府交付住民稅這一點上是一個地地道道的大阪府住民，不過夠格作大阪嚮導的能力也不過爾爾，更何況，在談到日本文化這個人類共有的財產時，我不過是一個濫竽充數的摸索者，根本沒有高談闊論的勇氣。

不過，交談中一直保持著一種愉快的心情，而且，此次和基恩先生進行的對談覺得特別愉快。

「這是我再怎麼也不希望看到它滅亡的民族之一，那就是大和民族，就是日本人。從太古以來就擁有文明而讓我如此產生興趣的民族，除此之外，我不知道在別的地方是否還有。對最近的日本的迅猛發展也是，我絲毫不覺得不可思議。他們很貧窮，然而很高貴。」

這段話出自於市原豐太氏的隨筆。據說，是詩人大使保羅・克洛岱爾（Paul Claudel、一八六八～一九五五，擔任駐日大使之前，長期擔任駐中國大使。現代法國文壇上介紹中國文化的第一人，在他之前，法國人所知的中國幾乎都來自傳教士的書†）在一次晚會上對瓦樂希（Paul Valéry，一八七一～一九四五，法國作家、詩人†）所說的一段話。時間是昭和十八年的秋天，正是日本的敗勢終於變濃，基恩先生和我都被趕到了戰場上去的時期。這段話對我來說，既是理所當然的，也是美妙動聽的，肯定對在日本語的世界裡比日本人還要浸透了才智和感情的基恩先生來說也是同樣的吧。但是，此次對談是用日語舉行的。充分發揮了日語所擁有的含羞功能，我們抑制住沒有被那美妙動聽所陶醉，將雙方用體溫感覺到的日本文化，原封不動地讓這體溫形成了文字。

於浪華東郊的寓居　司馬遼太郎

第一章　日本文化的誕生

日本文化の誕生

「隼人楯」作者不詳・平安時代（12 世紀）

日本人の対外意識
日本人的對外意識

司馬　今天我們來到了奈良，一起瀏覽了平城宮遺跡。要說當時的日本（平城遷都是和銅三年，七一〇年）靠著極少的水田，幾乎沒有其他的生產品，唯有野草叢生的雜木樹林。從經濟上可以說是貧窮的日本，真還虧得能造出如此一個宏偉的京城。不過，要說建造的目的，用現在的語言來說，就像萬國博覽會一樣。

基恩　大概可以這樣說吧。日本最早建造的大寺廟是「四天王寺」（五九三年，由聖德太子在攝津玉造的岸邊建造）我想這是為了招待外國人——從當時的情況來說是指中國人吧——的緣故。就是要讓先進國家的人們看到日本也是有文化的，日本也有這樣氣派的寺廟這一目的才建造的，從這個角度上來說，平城京的建築在很大的程度上也是屬於這樣的吧。如果日本沒有這樣的建築，就會擔心被人看成是野蠻國家或者落後國家了。從同樣的意義上來說，日本也是有歷史、日本也是有文學的強烈觀念上來看，我覺得《日本書紀》呀，《萬葉集》啦，漢詩集的《懷風藻》之類都是這一時期問世的吧。

也就是說日本人非常在乎外國人的一舉一動、會讓外國人怎麼想，被外國人看不起將會是不得了的事情的這一想法是從古就有的。到了明治時期同樣的現象也有過。為了證明日本也有並不輸給外國人的優秀文化，建造了「鹿鳴館」等維多利亞風格的建築。而這座平城宮也是，從當時的國內狀況來考慮的話，大概像這樣規模宏大的京城是沒有必要的。

司馬　聽說規模正好是長安京城的一半，真是夠氣派的。長安當時的人口據稱已經超過一百萬，這是因為有了這一個必要才建造的。長安街上，就如眾所周知的那樣，有酒店，有酒吧，有波斯商人走在街上，正因為有著如此的現實需要。而平城京卻沒有，當然酒吧什麼的也不會有。總覺得那裡好像並沒有百姓住過的跡象，而且，最主要的一點是，聽說沒有找到造過廁所的痕跡。沒有出現實實在在的生活氣息這一事實的話，相對來說只能讓人覺得

只是一種象徵吧。（笑）

而且，如果在長安有即位儀式的時候，或者舉行什麼非常重要的儀式時，總要招呼外異民族來參加。招呼外異民族，讓他們鶯歌燕舞，並且通過這樣的儀式以證明都是遵從著中國儒教的精神和禮儀的教導。讓外異民族登場的事情，在中國應該說是一個比較重要的要素，日本不那麼樣仿照是不行的。

基恩　今天我們在平城宮遺址的博物館看到的東西裡，就有渤海國（八至十世紀，從滿洲的東南部到朝鮮半島北部，屬於通古斯族的國家）的大使來訪的紀錄，而當時唐朝時代的中國，因為是世界的中心，從各個地方來的民族手持貢品獻給宮廷。日本人為了自己的自尊心也覺得有做同樣事情的必要。所以，從渤海國得到了貢品以後，一定是欣喜若狂的吧。

司馬　但是，總覺得和現在的進貢方式不一樣。唐朝長安京城裡各國的使者們來進奉貢品時，朝廷總要以貢品的兩倍或者三倍的東西去還禮，讓人覺得這才是作為長兄的國家，或者說是本家。由此，進貢的一方也就老實地承認自己是附屬國、不是本家，這樣回去也覺得並沒有吃虧。也就是說，受到進貢的一方也不是那樣輕鬆的。

基恩 對，所以，連中國也告誡別人不要常常來進貢。(笑)

司馬 但是，那個渤海國，同樣不知是為了討好日本當時的宮廷還是什麼，總之，常常來進貢。對此，也受到了不要經常來進貢的警告。一方面是不模仿中國不行，不過，同時日本是一個貧窮國家，兩倍、三倍的禮是還不起的。所以，兩次、三次還能還，到了第四次就支撐不住了。而且在日本這塊國土上，是不存在外異民族的，剛才在博物館裡看見的隼人像盾一般的東西，挖掘出來以後才知道，一直錯把生活在南九州的隼人當作了外異民族。

基恩 還不如說，真是這樣想的吧……

司馬 因為有著相當與眾不同的風俗，所以，一直被叫著隼人，並讓他們參加儀式。僅僅是隼人還覺得不滿足，在吉野的深山裡還住著叫國棲的村落，把國棲的人請來跳國棲獨有的舞蹈。然而，隼人什麼樣的一技之長都沒有。只有學狗叫叫得非常逼真，所以，一片吠聲。也就是說，當時的日本讓人覺得是以較小的規模來繪聲繪色地模仿外國。為什麼不得不這樣做呢?就像基恩先生剛才說的那樣,我認為是對外意識。

大化革新,也是因為受到了隋煬帝不統一中國大陸不行的衝擊,日本才開始考慮不建成統一國家不行,大化革新才由此出現的。這以後,又誕生了一個極其優秀的大文明的唐朝。日本便覺得不與此相近相似不行。說得再乾脆一點,如果日本是唐朝的一個附屬國的話,相對來說還比較輕鬆舒服,相隔著大海,對方不會攻打過來,自己要過去也是相當地不容易。於是,便產生了在日本國內建造一個和中國相仿的東西,就是建造一個小型中國的計劃吧。

基恩 一定就是這麼一回事。若不是這樣的話,為什麼一定要出自日本人之手特意編寫一本用漢文書寫的詩集《懷風藻》呢?實在不可思議。也就是說,最初就已經肯定知道了這是牽強的,然而,不管怎樣也要證明日本也有和中國一樣的文化存在。

奈良朝不太清楚,但是,到了平安朝,一邊倒的時代結束了,產生了強烈地對中國文化的抵抗情緒。特別是在菅原道真（八四五～九〇三）的時期，非常明顯。我認為，可以這樣設想，只因為日本有這樣複雜的對中國文化的愛情與憎惡互相交錯的感情，才逐漸產生了獨自的日本文化……

司馬　剛才你說過「四天王寺」是迎賓館，確實是這樣的。如今的大阪市這地方總算在大地上立穩腳跟了。當時，現在的大阪市這個地方差不多都在海裡。只有現在的「四天王寺」呀「大阪城」所處的上町台地是陸地。在「四天王寺」的這地方建築起一座迎賓館，能讓進入大阪灣來的中國船一眼就能看到。想讓他們覺得「啊，真了不起，實在不能再小看日本了，這不是一個普普通通的國家」。同時代有名的故事是聖德太子遞交給隋煬帝的國書「日出之處的天子致書於日落之地的天子，安然無恙吧」，隋煬帝讀了此信，不覺震怒。他大概會這樣想「野蠻人實在一無所知，朕才是天下之主，那些傢伙真是夜郎自大」。不過，那些使者來訪日本時，在迎賓館受到了盛大的款待。背後接待極其周到，而表面上是要以對等的姿態相處的。可以說，就是在這些所謂的保持均衡和微妙之中產生了日本的文化。

外国文化の受け入れ方
對外國文化的接受方式

基恩　仔細注視一下日本的歷史，可以認為從所有方面都能找到對外國文化的愛與憎、容納和抵抗的關係來。比如閱讀《源氏物語》時，有一個「具有唐風」的形容詞，含有負面的意思。本來應該是正面意思的，但根據我的理解是負面意思。也就是說不像日本，是一副裝出來的高高在上的姿態這樣的意思在內。《源氏物語》中有很多崇拜中華文化的地方，當然也有抵抗的一面，我認為，正因為這樣《源氏物語》這本小說才具有史無前例的文學地位。

比如朝鮮文學啦，以及很久以後的越南文學之類，小說中的場面大致都是中國。好像都不太描寫自己國家的事情。越南小說的第一主人公肯定是中國人，朝鮮也是。而日本，雖然也有像《濱松中納言物語》那樣的故事，裡面也出現了中國的場面，不過，大致寫的都是日本的事情。也就是說大家覺得，日本人也有成為悲劇故事中的主人公的資格，日本人也有最高的憂愁，或者第一流的喜悅。正是在同樣的精神影響下才誕生了《萬葉集》。

之後又過了相當久的時間，到了江戶中期，我想是國學家、和歌詩人的荷田春滿（一六六九～一七三六）把《萬葉集》譬為東洋的《詩經》。我覺得在奈良朝的時候一定也有過這樣的想法。這也就是說，他們想向世界訴說，日本不是野蠻之地，正如中國有《詩經》一樣，《萬葉集》早在幾千年以前就問世了。

司馬　對此說法，我也有同感。正如你說的，清少納言之類，是相當具有唐風的人。《枕草子》不也是有很時髦的唐風嗎？那是一個極為合乎時宜而有唐風的人。給人的感覺也正如她的長相一樣，身高而苗條。所謂具有唐風，有「這是好事」的一層，也有「你在說一些什麼裝腔作勢的話」之意，正如是兩個鐘擺一樣的存在。

基恩 我是完全不懂朝鮮語的，所以，這不過是我的想像罷了。我覺得朝鮮文字裡大概是不會有像「具有唐風」這樣的表現的。也就是說，不能想像針對中國文化會有像日本那樣的抵抗。

司馬 傳說那個國家正好是在新羅（公元前五七～九三五，為中世紀時期存在北朝鮮半島上的一個國家†）末期的時候開始決心變成中國式體制的，而且大致也形成了一套中國式的體制了。在這以前，是朝鮮人都應該有朝鮮語的名字，從新羅末期開始才變成了像李承晚呀，朴正熙一樣的中國式名字。這作為外異民族來說，是非常少見的現象。而越南呢，再怎麼說它的原型也是和漢民族差不多的民族。語言上也一樣，越南使用的語言體系是和漢民族極其相近的。而朝鮮人，很粗略地說吧，使用的是通古斯語。所以，連名字都用中國名字是沒有必要的，從新羅末期開始官僚體制也同樣完全照搬儒教體制的一套了。不過，徹徹底底地這樣實行的是從李氏王朝開始的。李氏王朝五百年，一直持續到一九〇〇年初期。也就是說，這五百年間，連生活的最細節的地方，都按照中國的原理在執行。因此，要說文章那便是指漢文了。現在在朝鮮非常重視的朝鮮國字也就是所謂朝鮮文字，是相當於日本室町時代左右出現的，都是女孩子所使用的，這是讓不懂文字的人們使用的代用品，是一種符號一樣的東西。被稱作卑微低下的東西。所以，除了《春香傳》以外，沒有出現過類似於用母語來表現的文學。

同樣，日本在《源氏物語》出現時期也一樣，只能使用假名的人都是一些文化程度比較低的人，而朝鮮卻是明確地把這劃為低下的東西，因此，就沒有產生使用朝鮮語來創作文學這樣的知識性慾望。歌曲被消滅的現象另當別論，甚至連歌唱了的東西都沒有作記錄。像《萬葉集》那樣，或者像戀愛贈答詩那樣，作記錄的事情是不受鼓勵的吧。所以，我覺得像朝鮮那樣，可以說不僅政治是被中國吞沒了的政治，文學不也是這樣嗎。

基恩　對日本來說，最具危機的時代大概是奈良朝之後的一個世紀吧，即九世紀。那個時候中國文學最為流行，那時的形勢也許是一個日本文學從此會消亡的時期。然而究竟是什麼原因還不太清楚，日本文學不久又開始興旺了起來，九世紀末的時候，《竹取物語》呀《古今集》等這樣的文學誕生了，不過肯定出現過一段非常危機的時刻。弄得不好，也如朝鮮、越南那樣，文學都應該是用中國語來寫作的觀念變強。使用日語，僅僅是局限於在召喚僕人的時候使用，已經具有了像這樣的可能性。我認為之所以沒有變成這樣的狀況，或者說，這其中是否還有一個男女地位問題的存在。

也就是說，因為在當時的宮廷中，女性地位是很高的。原則上來說，女性是不學習中國語的。其實，是學過的。比如說紫式部，自己的兄長在上課時她也在一旁旁聽，聽說因為比兄長聰明，也就都記住了。而誰也沒有直接地教過紫式部中國語。如果在這樣的社會裡，男性總是在使用中國語，然而女性卻完全聽不懂。那麼男性想向女性傳達一些什麼的時候，如果不用淺白地讓女性能聽懂的話就不行。正因如此，我想，和歌也曾經是流行過的吧。單純地送花、贈送禮物，在禮儀上是說不通的，必須寫點什麼來表達心意才行。反正用漢文寫了也是不會懂的，就把和歌也附上吧。（笑）

司馬　我也曾聽人這樣說過，想想也是對的，開始用這樣的目光來看菅原道真的漢詩，才覺得非常近似私小說。其實這是因為湯川秀樹（一九〇七～一九八一，京都大學教授，理論物理學家，日本第一位諾貝爾獎獲得者†）先生的觀點，就打算按照這個說法試著閱讀了一次道真的漢詩，結果，確確實實地感受到他失去了阿滿這個小朋友時的悲傷情懷……

基恩　啊，是有這麼一首。

司馬　您也知道嗎？作者自己的悲傷情緒被表現得纏纏綿綿。而如果是中國人還要顯得男子漢一點。中國的詩人也是有形形色色的，像道真一樣的士大夫，所謂士大夫就是作為一個男子範本一樣的東西，所以，能寫出如士大夫一樣的詩即可。當然，失去了阿滿是感傷的，把這情感寄託於別的東西上，比如吟唱什麼的也不是不可以，卻是綿綿不斷地敘述個不停。那所謂綿綿不斷的感情出乎意外地是日本人的真情實感，若是用漢詩把它表現出來的話，怎麼說也有一點牽強。可以想像，也有過採用一般大和語言的婀娜輕盈、委婉曲折的那種現象吧。

基恩　我想是有過的。日本文學中最初的傑作之一應該是《土佐日記》。開卷之初，作者紀貫之（八七二？～九四五）寫到「雖然日記是男人寫的東西，但是我這女流也來露一手」。他就是為了嘗試一下作為一名女子來書寫日記，將是怎麼樣一個感覺。然而，他為什麼不得不把自己說成是一個女人呢，我們再回到剛才的話題上來。作為男性，作為土佐守（相當於現代的高知縣縣長）用筆是不能一副娘娘腔的，會被覺得與身份不符，我認為是因為這個原因才選擇了假托的形式。如果他想寫的話，是完全可以自由地全部用漢文來完成。但是，在這樣的情況下，真正想表達的心情就無法敘述出來了。也就是說，自己最喜歡的孩子——自己的小女兒在土佐死掉了，就是《土佐日記》所要表現的主題吧。能回到京都的家，應該是非常高興的事情，而女兒卻不在那裡，實在是寂寞不堪，沒有什麼愉快的事情。我覺得是因為實在想把自己的這一想法表達出來，才寫就了這樣一本日記的，這樣的心情用漢文是無法表達清楚的吧。

司馬　當然，思念之意用漢語來表現，也許是有不少難處的吧。我有一個或許是有點太大膽的說法，上古的日本人，不是通過中國的語言才學到了「豪傑壯士」的表現嗎，而從原型上來說，日本人其實是「婀娜窈窕」的民族吧。這個說法怎麼樣？

基恩 作為一個日本人您是可以這樣說的。但是作為外國人的我這樣說了，也許就有點危險了。（笑）

「ますらおぶり」と「たおやめぶり」
「豪傑壯士」和「婀娜窈窕」

司馬 再繼續剛才的話題，我說從原型上來看，日本人屬於「婀娜窈窕」的類型。我並不是要譁眾取寵，作為一個日本人，並不是謙卑，或者因這種說法感到為難。所謂有節操的人，或者說真正充滿勇氣的人，意想不到的都是出自於「婀娜窈窕」的人比較多。這也就是說，在堅持自己的意見、固守自己的立場，或者說自以為正確上，「豪傑壯士」的人會一下子不知轉到什麼地方去，而「婀娜窈窕」的人是頑固的。說得離題一點，古今被稱作名將的，東洋也好西洋也罷，日本人也同樣，相對來說，女性化的人比較多。就中國來說，具有代表性的人物，不管是張良（?～公元前一六八年，幫助劉邦攻滅秦朝，前漢的創業功臣），還是近代的人物林彪之類都帶有女性化。西洋的威靈頓公爵（滑鐵盧戰役中，攻破拿破崙的名將†）也並非十足的男子漢。就是說，我認為，他們並非是西部電影裡出現的男人。拿破崙相對來說不也是以「婀娜窈窕」來取勝的嗎？

當然，這不過是膽大粗淺的說法。我以這樣的想法想請教一下，所謂的「婀娜窈窕」並不是要說內心之處的軟弱，相反是要表明內核的堅強。從愛情等的表現方式來看，總覺得原型的日本人，或者說原本的日本人在「婀娜窈窕」上顯得色彩濃厚。我就是想表達這樣一個想法。

基恩　閱讀《萬葉集》的時候，像「豪傑壯士」式調子的和歌相當可觀。即使從大伴家持（七一八?～七八五）那裡也能讀到這樣的和歌。然而，到了《古今集》的時代，這樣的和歌就非常少了，都變成了「婀娜窈窕」式的詩人。一時性勉強發揮了男子漢威力，而過了一個時代以後，無論男性還是女性都會寫出同樣的東西，差不多無法辨別出性別。有時候還會出現男人以女性身份來寫作品。紀貫之不過是其中的一例而已。相反，女性裝扮成男人來表現的作品，我想根本就沒有出現。

司馬　對，對。根本就沒有出現。

基恩　無論是清少納言（九六六～一〇二五，平安時代的女流作家，《枕草子》的作者†）還是紫式部（九七三～一〇一四，平安中期的女流作家，作品有《源氏物語》、《紫式部日記》等†）都沒有聲稱過「自己是男子」。（笑）

司馬　絲毫沒有隱晦自己是女性一事。結果，沿著那個體系來看，這裡又得離題了，日本文學裡微弱地出現了「男性」，唯有近代的芭蕉了（一六四四～一六九四）。比如說，在明治以前的詩人當中，如果認為芭蕉和西行（一一一八～一一九〇）還算可以的詩人的話，那麼，西行在「婀娜窈窕」方面稍微有一點取勝的感覺。西行這人，名叫佐藤義清，是鳥羽上皇的北面武士，一個威風凜凜的大男子漢。在武士的

世界裡也被認為屬於彪悍勇猛的一員，具有實在性的「豪傑壯士」，不過，在和歌方面，還是讓人聞到了《古今集》中的「婀娜窈窕」的氣味。再說到芭蕉卻非同此類，非常「豪傑壯士」，您覺得怎麼樣。

基恩 我也贊成這樣的說法。概而言之，閱讀芭蕉的俳句，類似「我」這樣的詞語是不會出現的。他看問題非常公平而客觀。我覺得，他根本不可能從主觀上去寫一些女性的事情。理所當然的是，作為一名男性肯定經歷過種種令人感懷的場面，但是，卻絕不會主動寫出「那時我淚流滿襟」之類的語句。他非常具有男子漢的風度，能寫出中國盛唐詩人杜甫（七一二～七七〇）等那樣偉大詩人所寫出的作品。現在，我提到了杜甫這個名字，一般地來說，在日本，若說到中國的詩人首推的是白居易（七七二～八四六）了吧。他是位具有女性化一面的詩人。而杜甫這方面完全沒有。像那樣具有男性氣質的詩人是罕見的吧。我總覺得有了芭蕉才開始領略到了杜甫略勝一籌之處。

司馬 這個觀點很有意思。日本人對《白氏文集》之類，反正對白居易很器

《月百姿》月岡芳年繪・明治 24 年（西元 1894 年）
「三日月の頃より待し今宵哉」松尾芭蕉

重。讀白居易的詩，總會心心相通。比如說他有過的一首〈戲題新栽薔薇〉中有「少府無妻春寂寞，花開將爾當夫人」，敘述他當官後離開京城前往地方赴任，獨身一人居住，就在牆根下種上玫瑰，玫瑰花開了，便說那就是自己的媳婦。我覺得那不太像中國人正統的詩。也不是一般概念上的中國詩，更接近於日本人。

基恩　中國人承認白居易確實是偉大的詩人，然而卻沒有人稱他是最偉大的詩人。

司馬　芭蕉天生就有理解杜甫的潛質。

基恩　雖然他並不一定完全贊同杜甫所說的話，但是他在《奧之細道》的紀行詩集裡引用過杜甫的一句詩，「國破山河在……

司馬　……城春草木深」。

基恩　這時，他把竹笠放在地上，然後坐在了竹笠上面。吟誦出一首名句，「夏草和兵士共有的夢幻之墟」。那時，他的構想可以說是和杜甫完全相同。不過，同樣是《奧之細道》，從時間上來說，稍微往前推移一點，他在多賀城看見一座壺形石碑（當地稱作「壺碑」†）時，說出了完全不同的話，「山崩河新路改道，石遭淹埋土藏身」，也就是說，山有崩塌的時候，河有被淹埋的可能，什麼東西能留下來呢？而這裡的這塊石碑卻保存了下來。就是說，比什麼更能流傳下來的是人的語言、詞句。高山崩裂了，河流消失了，草木枯槁了，唯有語言永存，他這麼說。我讀了之後非常感動。芭蕉在《奧之細道》裡，有時直接沿襲了杜甫的「國破山河在」而創作了「夏草」之句。也許這是他最著名的詩句，但同時，在拜讀了石碑之後，在高山大河之外，還有一個永遠的東西，他覺得那就是人們使用的語言。這是非常精闢的。

司馬　我去最上川（流經山形縣的河川，日本三大急流之一。芭蕉曾經造訪過，並留有著名的俳句†）的時候，正好在下雨。正是極相似的季節。真正體驗到了步步緊逼而來的「五月雨，驟聚最上川」之感。聽說基恩先生曾經也是在極壞天氣時去過那裡。

基恩　大致來說，我走到什麼地方都會是下雨天，然而，唯有那天天氣非常

好。（笑）

司馬 對明治以後的文學也用「豪傑壯士」和「婀娜窈窕」來作比較衡量的話，比如，從有友人關係的夏目漱石和正岡子規的文章來看，正好是明治近代文章出現的時期，或者說是這兩人讓近代文章出世的。子規是「婀娜窈窕」式，而漱石是「豪傑壯士」式的吧。而且，子規的俳句呀短歌什麼的，並非寫得很出色，而散文確實優秀。

基恩 完全有同感。

司馬 漱石在比較年輕的時候，就常常嘲笑子規。「總之大兄的文章婀娜多姿，還沒有脫離婦人的脂粉氣」、「每日每晚寫啊又寫的，就如同小孩子的習字文」。明治二十二年左右的時候，漱石寫有這樣文字的書信。總之，子規寫得連綿不絕。在連綿不斷寫作女性系列中，子規也屬於一個。

基恩 不過，子規一定自認為是身為「豪傑壯士」而下凡的吧。

司馬 對，就是這麼一回事，這實在很有意思。子規在少年的時候，有時去聆聽自由民權運動的演說，有時自己也發表演說。而且，正如您所說的那樣，自以為有著「豪傑壯士」的一面。上東京來的目的，就是為了將來要當總理大臣才來的。但是再怎麼看也不是能當總理大臣的那種類型。首先進了大學預備校，卻因為英語太差，連續落榜了好幾次，最終才去讀了日本文學。並不是因為想作日本文學的學問才進了日本文學系，而是因為英語的能力不夠，跟不上的原因，所以才每每落榜。總算可以上大學了，不料又是不及格。結果選擇的日本文學系並不是為了學習文學，而是無可奈何，便考慮怎麼導入西洋的美學，要在文學中掀起一場革命。這其實也是「豪傑壯士」之路吧。聽說，要以此來試著改造俳句。

還有，子規在日清戰爭（中日甲午戰爭）時，非常想從軍作戰，大家都擔心著子規的病情，他卻回答「我也想上戰場」。當時是名《日本》新聞社的記者，社長陸羯南（一八五七～一九〇七，日本國民主義政治評論家、日本新聞社長†）最終也拗不過他，應允他作從軍記者。「一生中難得的快樂時刻」，他顯得無比喜悅。他想作一代的「豪傑壯士」，但是從他的文章來看，其實是「婀娜窈窕」式的。

基恩　他所喜歡的外國文學全都是表現男子氣概的作品。比如說，他似乎最喜歡讀的是富蘭克林的《富蘭克林自傳》、塞繆爾・斯邁爾斯的《西國立誌編》等。即使是讀外國文學，他對文筆優美的文學或小說並不太感興趣，原因也是明治時期非常強調立身精神。

司馬　正如基恩先生在什麼文章裡提及過的那樣，子規一邊躺在臨死的病床上，一邊感動地閱讀著《富蘭克林自傳》，實在是目不忍睹。大概自己也覺得不能再有活動的人生，生命也就此不會太長的時候，閱讀這舉世矚目的人物傳記以得到鼓舞吧。

基恩　《富蘭克林自傳》裡按照西洋的精神來宣傳「早起贏得三分利」。然而對於子規這樣一個因病臥床不起的人來說，早起實在是無一利的東西。還不如說這是非常悲傷的事情。

司馬　子規從松山的中學畢業進入大學預備校的時候，與他同期進入預備校後來參加海軍的，是一個叫秋山真之的同鄉友人。他在日本海海戰（日俄戰爭）時，成為東鄉平八郎的參謀，乘上三笠號艦艇，是起草了後來流傳一時的電文「天氣晴朗而海浪高漲」（此為隱語，以示當日能打勝仗）的人物。這個人擔當海軍大尉期間，作為美國公使館的隨從武官準備出國。正是這個時候，他去探訪了正在病床上的正岡子規，說：「我要去美國了」。聽說這給了子規極大的刺激。也就是說，他們是和自己一樣長大成人的，他們卻去了自己曾經想去的世界各國，而自己卻躺在六尺病床上。秋山真之探訪之後，他詠詩一首「送君之後，浮想聯翩，蚊帳中哭泣」。那淚，不知是羨慕友人的健康之淚，還是哭泣自己的一生哪裡也不能去之淚？身體背後開了好幾個洞，是一個很難再下床的病人，也許大腦裡總是在描繪著西洋究竟是什麼個模樣之類的事情吧。

基恩　粗略地來說，明治文學在最初階段是「豪傑壯士」的男子文學，要創造出新的世界，要創造一個新的日本，這樣的氣概在燃燒著。由這個意義，我們再回到今天剛開始的地方去看，似乎與奈良朝的氣氛差不多。但是明治時期到了子規時，形勢也多少改變了。

司馬　依然要回到「婀娜窈窕」去。

基恩　因為有了重新回歸的餘地。

司馬　有了重新回歸的餘地？這倒是很有意思的說法。

基恩　小說方面，正好在這個時期出現了《多情多恨》（明治二十九年）等代表尾崎紅葉的小說開始問世了。這是很明顯「婀娜窈窕」的小說吧，完全沒有男性氣質。然而，我認為，那是和在很長一段時間裡的日本小說傳統有著密切關係。對口語的說長道短以及批評家也發表了種種意見，但是與這些比較，留給我們深刻印象的是明治文學作為文學剛開始走上了正軌的印象。在這之前的小說，比如說，走訪了費城獨立閣的東海散士的政治小說《佳人之奇遇》等，作為該時代是很有意思的作品，而且也肯定屬於男子漢文學，不過，到了《多情多恨》的時代，總覺得，這是走進日本文學中來了的感覺。

司馬　《佳人之奇遇》之類，並不是現在能讀的作品吧？

基恩　不，我是最近讀的。真的非常有趣。有趣得不知怎麼才好。像這樣天真爛漫的東西是以前沒有出現過的吧。而且，同時代還有一個叫須藤南翠（一八五八～一九二〇）的人物寫了《雨窗漫筆綠蓑談》、《新妝之佳人》那樣的政治小說。我最近剛讀了這些小說，真的都非常天真爛漫，實在很開朗、樂觀。「日本如果也有議會的話，是多麼了不起的事情啊！」、「那會像天堂一樣的吧！」是充滿著希望的作品。然而，在這之後，大家多少開始有幻滅的感覺，才又回到了日本傳統中去。

司馬　也許是這麼一回事吧。結果，伊藤博文來了一記先發制人，在自由民主運動還沒有爆發以前，頒布憲法，召開國會。於是，自由民權運動像氣球一樣軟綿綿地癟下去了，同時文學也回到了傳統的老路上去了。

基恩　明治也是，我認為在這之前和這以後的文學，從本質上來說是不同的。總而言之，文學的目的改變了。這之前的文學目的，都是所謂儒學上的東西，文學只是一種權宜之計罷了。也就是說，這是一種為了愚民教育的有用手段，不僅《佳人之奇遇》這部小說是這樣，須藤南翠的文學也是這樣的。然而，國會姑且有了以後，文學的這個作用也就失去了，讓人感覺到好像又回到過去的傳統，也就是說是「婀娜窈窕」的文學，是本居宣長（一七三〇～一八〇一）所謂的感傷文學，《多情多恨》確實就是那樣的感傷文學。

司馬　又回到老路上去了。

第二章　空海和一休——有關宗教的普遍性

空海と一休——宗教の普遍性について

「大日如來坐像」作者不詳・平安時代（12 世紀）

国際的な真言密教

具有國際性的真言密教

司馬 不久以前，我為中央公論社出版的《書道藝術》全集撰寫了有關空海（七七四～八三五）的事蹟。我以前對空海這個人很不喜歡，總覺得不對我的胃口。但是在閱讀了一本江戶時代出版的很難讀懂的書籍《空海全集》之後改變了。讀了十分之一，就不由得開始覺得空海這個人是個很有趣的人物。最近由一個討厭的人，變成了討人喜歡的人物了。

這個人二十歲左右，去了中國（八〇四年，延曆二十三年），他的目標極其明確，就是為了引進密教（祕密佛教，又名密宗、金剛乘，是佛教的其中一種修行方法，與印度教的怛特羅密教同時，在印度笈多王朝時期興起。目前密教在日本和西藏最為興盛。日本密教傳承自中國的唐密，唐密傳承自印度的前期、中期密教。日本有東密〔真言宗〕和台密〔天台密教〕兩大分支，東密的道場在東寺、高野山，台密在比叡山、三井寺，本尊是大日如來‡）才去的。那時，他還是一名學生，並沒有得到政府要求去引進密教的指示，是他自己決定以個人身份這樣的方式去的。在這之前，密教已經以碎片的形式傳進了日本，空海或多或少也有些認識，密教大概就是這麼一個樣吧，僅憑這一點想像就開始沉溺於密教中去了。他是抱著密教能推動宇宙，不是一般顯教那般的理念前往中國的。

長安京城裡，密教的傳播活動有是有的，但是不知怎麼，似乎和中國的水土不合。因為這是非常有觀念爭議的東西……密教裡有許許多多面帶恐怖之狀的佛像，那其實是一種思想的表現吧，然而，在這些佛像的背後存在著思考的這一說法很難被中國人所接受。原因是中國人只承認地上長出來的，或者在地面爬動的，眼裡能看見的，還有放進嘴裡能吃的東西。借用儒教的話來說，密教之類都是一些荒謬的鬼神之說，不太受人青睞，所以傳說中國密教的長老都顯得無精打采。正好空海來了，長老便把這些全部傳授給他。空海接受了這些以後，就回日本了。但是，密教這一東西，其實並不是佛教，而是婆羅門教，教祖不是釋迦。不以釋迦為教祖，而是請來了一個架空的大日如來作為教祖。所以，我認為這是印度當地的土俗宗教。但不管它是婆羅門教也好，印度教也罷，在這裡隨便是什麼都無所謂，總之，像佛教的釋迦那樣的天才，從土俗的東西裡抽取出的並非是一個結晶體，而是像流動的液體一樣，是作為極其富有土俗性的東西才傳入長安。且不提長安的和尚們對密教究竟理解了多少，總之，已經傳接了好幾代。空海來了以後，就把它帶了回來。

如果我用比較的方法來說明這一點，顯得實在有些大膽，但是，我的觀點是空海的真言密教大概不是長安的真言密教吧。原液是同樣的，空海把它構築成水晶般的結晶體，而且在理論上不顯示其紊亂。只要在理論上抽掉其中的一根骨架，整個構造就會嘩啦啦地倒塌下來，因此，我認為，使之成為一個完美無缺的東西的是高野山獨自的東寺真言密教。也因為是這樣，後來的弟子們就慢慢不再求上進了。結果，出現了所謂弘法大師（空海的謚號）這個被土俗化了的東西，而真言密教的教義本身卻沒有得以發展。空海已經作成了一個幾乎根本就不用發展的完美體系……。我覺得那是很不可思議的事情。因為在印度，有婆羅門教是因為婆羅門教是有必要的，有適應這樣的土俗性生長的土壤，所以才顯得生氣勃勃。而把這些移植到和印度風土完全不合的地方去的時候，還是那樣沾滿了泥土是搬不過來的，所以，空海就是因為這個原因把它製成了結晶或者抽取其中純粹的部分，像從中藥中抽取出西洋的結晶藥物一樣，最終才在日本生根發芽的吧。本來生根的方法就有一點異樣，再加上那些被稱作不學無術的高野的高僧和修行者，走到奧州的各個地方，只要聽到對弘法大師的感謝之意，就去傳教普及，而傳教的方式，與本來的真言密教已經相去甚遠。

基恩 不過，密教還用了另一個傳教的方法，通過密教美術來進行傳教。以兩界曼陀羅為首，不動、降三世、金剛夜叉……

司馬 對，那是很了不起的。

基恩 我想，這是一個很重要的問題。我覺得大乘佛教和小乘佛教最不一樣的地方也就在這裡吧。十幾年前去了錫蘭島（斯里蘭卡）參觀了那裡非常有名的阿努拉德普勒聖城裡的寺廟。因為是石材建築，剩下的部分還是像古代的一樣，被保存了下來。無論是哪一根石柱，看上去都沒有任何裝飾，只是石柱一根，任何地方都看不見一點美術的模樣。只有一個地方，裝飾著花卉的模樣，雕刻在一塊非常美麗的石頭上，而那地方是一間廁所，僅此而已。那是對小乘佛教所表現出來的態度。但是，弘法大師和慧果（唐朝印度和尚。唐玄宗開元元年入唐，住在長安青龍寺，就是他把密教傳給了空海‡）相遇，接受各種各樣的傳授時，從製造佛像的手藝人得到了佛具、曼陀羅的繪畫以及美術品等，將其帶回了日本。我認為這是讓一般人理解佛教的手段。像這樣，佛教美術逐漸盛行普及起來，不久就發展成為極其優秀的美術了。弘法大師的書法異常地有名，現在走到任何地方的小寺廟裡，都擺放著弘法大師製作的種類多樣的雕刻。這在別的宗教裡是有點難以想像的事情。

司馬　真言密教的思想表現，與其說是用語言，還不如說是通過那些大道具、小道具來表現思想的。如佛像這樣的大道具，還有單叉金剛杵（所謂金剛叉，本來在印度是護身用的武器，取打破煩惱之意而成了佛教的用具，把柄的地方有叉，一根叉就是單叉，三根叉就稱作三叉‡）三叉金剛杵、五叉金剛杵等等的小道具，用那樣的東西來作表現。從宇宙的內側來感知宇宙的呼吸，對不對？宇宙這種東西，會刮風，也會有其他各種各樣的現象，風和自己形成一體。宇宙吹出一口氣，也許就會變成風。如果讓我來說密教，就是把宇宙的呼吸運動和消化運動混合起來的方法。這樣的話，當形成同樣情緒的時候，就會下起雨來，像這樣的思考方式是很難用語言表現明白的，所以，才只能用那奇怪的佛像，或種種咒文來表現吧。

基恩　在日本的佛教中，最吸引我的要數真言密教了。我去了高野山，當然因為無數次地遭到雷擊的緣故，舊時的風采已經面目全非，然而，我覺得那裡有著濃厚的國際性氣氛。

司馬　是嗎？對高野山的國際性我倒沒有注意到過，您的見解很有意思。

基恩　當然我對具有日本色彩的東西也非常喜歡，然而，我認為宗教這個東西應該是有國際性色彩的。關於這一點，高野山是有的。

司馬　被您這樣一說，倒也覺得高野山的氣氛，有一種寬敞的感覺。

基恩　在日本，佛教從中國引進來的事實是家喻戶曉的。閱讀任何佛教的書籍，裡面都是這樣解釋的。沒有一本書會寫著，佛教是在日本誕生的宗教。然而，作為日本人，僅限於從現實上能想像的是佛教被日本化了。從鐮倉佛教，即親鸞（一一七三～一二六二）的語錄呀、日蓮上人（一二二二～一二八二）的存在，是最有力的例子。

司馬 親鸞也好，日蓮也罷，都是與釋迦毫無關係的人物。說得過火一點，釋迦的世界性再怎麼樣，只要自己能達到一個「安心決定」的境界（又叫「信心決定」。佛教用語，就是完全相信阿彌陀佛的誓言，絲毫不加懷疑之意。後來轉為取得信念，安神定心之意†）就勝過了一切。

基恩 從文化角度來看，這應該是要大書特書的事情。然而，佛教本來應該是一個非常具有國際性色彩的宗教。如果忘了這一點，就是誤解了。這應該是印度、東南亞、中國和蒙古這些國家的共通的宗教。不過，我在十四年前就有關日本的事情寫了一本書。這是一本未成熟的書，雖然不值一提，但我在裡面寫道：「去過東南亞，與此比較起來，就很難說日本是一個佛教興盛的地方。與東南亞比較，日本的佛教並不引人注目。」去年，我這本書的一部分被原封不動地收進了日本的英文教科書裡，並由某大學教授加了註釋。對我寫的這段話是這樣評說的：「我的理解是，我們的內心太奧妙無窮，以致一個外國人是無法透視的。」我對此深感意外，同時我覺得這個發言有欠禮貌。他怎麼知道我不能透視呢？

司馬　我有過與此完全不同的經驗。其實我難得去作講演，是因為受到奈良縣的委託，無法推辭，才不得不在奈良市裡作了一次講演。我在講演中說，「日本人對於原理這樣的東西是很遲鈍的」，有關這個，我想後面還會談到，比如說，「到底基恩先生是外國人，所以就不會懂。」一開口便說出這樣的話，其實就是對原理不敏感的一例——當時，我是說了這麼一段話的。也就是說，在日本有佛教這個東西，而正如您說的，佛教在東南亞已經早已存在了。佛教這個東西，從生活方式到一舉手一投足都是有規定的。也就是說佛教是存在的，佛教來到了日本，也建築了極其宏偉的寺廟，可是，都成了唯美的東西，而並沒有成為真正的宗教和哲學，對不對？我是無意中說漏了嘴，甚至還脫口說出了「那不過是知識階層之間的遊戲罷了」之類的話。說完之後，才忽然注意到聽眾裡還有一個尼姑也在。這是一個看上去很用功的尼姑，一心想搞懂佛教的樣子。所以，接下來我就說不下去了。這不就等於在說「您的存在是毫無意義的」嗎？

基恩　說是這麼說，不久前我第一次去了東寺（在京都，又名教王護國寺，是東寺真言宗的總本山。創建於七九四年，桓武天皇遷都平安京後所興建的國立寺院†），深為感嘆真言這一佛教的過人之處。十年以前我也曾去過一次，但是那個時候，神殿還沒有對外開放，所以，不久前才第一次跨進了金色的神殿，終於瞻仰到了輝煌無比的佛像群。

我最初的想法也和司馬先生完全一樣。開始鑽研弘法大師的一生時，知道了弘法大師和傳教大師（最澄，七六七～八二二）之間的關係，對弘法大師，也就是空海實在看不慣。最澄雖然並不那樣像學者，但是總覺得在為人上是個極其優秀的人。空海雖聰明過人，但並不值得令人欽佩。

司馬　空海這個人，非常令人討厭。

基恩　說得完全對。不過，那樣的天才，即使在現在的世界上也是絕無僅有的吧。

司馬　最澄只算得上是秀才吧，然而空海卻是天才。

基恩　而且即使是那樣使用起來不自由的措辭，也就是駢文，六、四……

司馬　四六駢儷體。

基恩　空海也能使用那樣的表現形式，把複雜的思想明確地表現出來，我認為是非常偉大的地方。

司馬　還有一個，剛才您說無論什麼寺廟裡，都有弘法大師的作品，實在不可思議。對此，我也覺得很不可思議，但是，仔細想一想，從長安的慧果那裡傳授到了所有東西的時候，佛經之類是立即可以帶回來的，而佛像是無法搬運的吧，最終是不是得到了類似佛像設計圖之類的東西。還有，我的想像是，佛具那樣的設計圖也得到了的吧。因此，回來以後，召集了鑄造器物的工匠，然後告訴他們，你要按照這張圖紙做，你要按照這個辦，這樣一來，不就都成了弘法大師的作品了嗎？

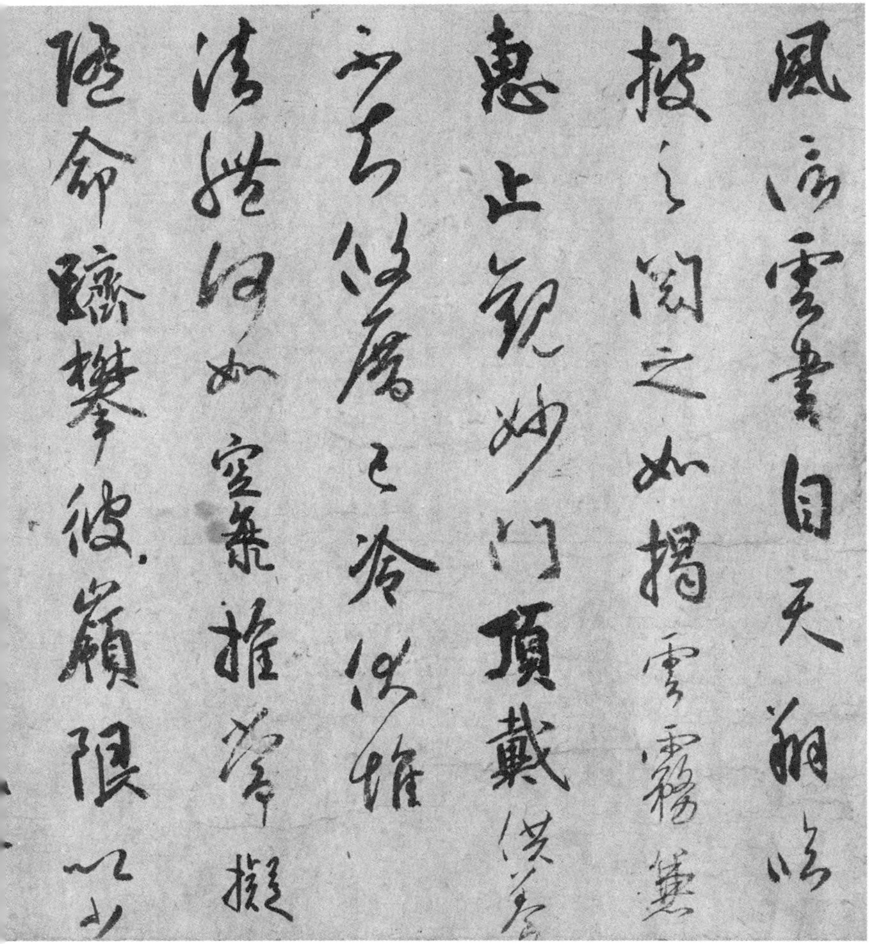

風信雲書自天翔臨
披之閲之如揭雲霧 雲霧 兼
惠上觀妙門頂戴供養
不知攸厝已冷伏惟
法體何如 空海推常擬
隨命躋攀彼嶺限以少

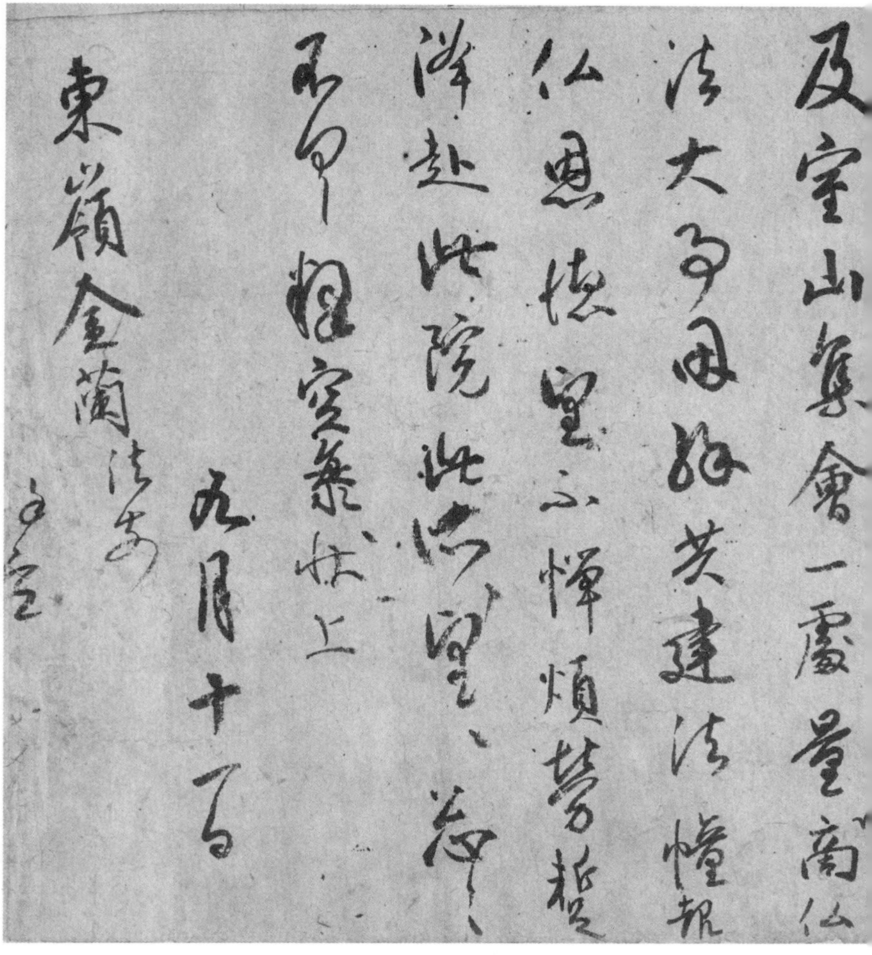

《風信帖》空海墨跡・平安時代（西元 810 年至 813 年間）
空海最著名代表作，日本著名書法法帖，為日本國寶，現藏於日本京都東寺

一休の魅力

一休的魅力

基恩　還有一個特別吸引我的人物就是一休宗純（一三九四～一四八一）。我本來既沒有研究過禪，也沒有認真學習過一休。僅僅是看了一休的肖像畫，覺得這張畫充滿著不可思議的個性。一般的禪宗高僧（禪宗為大乘佛教流傳於東亞的一支佛教宗派，相對於密教，大乘佛教被稱為顯教‡）的畫像能留給人們的印象是，顯得非常崇高，或顯得極其威嚴，然而，一休的肖像正如眾所周知的那樣，是活生生的，幾乎和活著的人沒有不同，非常清晰地顯示出其性格。看了那張畫才使我非常想了解這究竟是一個怎麽樣的人物的起因。當然以前就已經聽說過許許多多的關於一休如何機靈地如童話一樣的故事。然而，對一休的漢詩一無所知，對有關他的傳記也一點都不熟悉。他的《狂雲集》（一休所寫漢詩，收集的幾乎都是七言絕句。呈現其瘋癲破格的精神世界的面面。狂雲為其號†）越讀越覺得這真是一個不可思議的人物。

而且，說句不好聽的話，我覺得我已經對這個人物完全理解了。感覺到和他之間所存在的空白好像一下子就消失了，他所持有的煩惱讓我覺得完全就好像是我的煩惱一樣……。

我曾經把這個經驗作為一次講演，初次在美國發表後，我的演說居然獲得了無比的成功，那是以前沒有過的事情。年輕人很多，大家都很受感動。這並不是我的講演口才好的緣故，當然是一休的煩惱具有那不可思議的普遍性，是具有能對現代人直接訴說的力量。他厭惡、唾罵偽善者，過著從某種意義上來說非常放任，從某種意義上來說，又是不道德的生活。然而，對他的怒火、他的憤慨，我覺得有一種身臨其境的理解。雖然我並沒有什麼資格對禪宗界的臨濟（?～八六七，中國唐朝的禪。名義玄。臨濟宗的開山之祖。曹州南華（山東省）人。師從黃檗希運，坐禪三年而得道，自稱臨濟。言行由弟子集錄，編纂《臨濟錄》。諡號慧照禪師†）說長道短，也沒有什麼權力對道元（一二〇〇～一二五三，鎌倉時代初期的禪僧。京都人。日本曹洞宗的開山祖。日本曹洞宗的開祖。內大臣久我通親之子。諡號希玄。修學於比叡山，後入宋嗣承天童如淨法。歸國後，入建仁寺。著有《正法眼藏》、《普勸坐禪儀》、《學道用心集》等†）加以評頭論足。僅僅是被一休這個人物所吸引，我最終認為他是世界史中有數的偉人之一。

司馬 我相對來說比較喜歡的是，在一休和森侍者（名為森的盲女‡）之間，以森侍者為模特兒而創作的有名的詩句。比如「盲森夜夜伴吟身，被底鴛鴦私語新」呀，「一代風流之美人，豔歌清宴曲尤新。口吟腸斷花顏靨，天寶海棠森樹春」呀，其中居然也有表現得那麼肆無忌憚的詩句。總之，那膽識的敏銳之處，我覺得無論過去還是今天都屬於出類拔群的吧。對森伺者看不見之人的體貼，可以作為同類生物之間的體貼。與其說是人，還不如說首先自己是生物，她也是生物，所以，不對她體貼就不行。總覺得他的詩句裡確實表現出了這樣的一種氣氛。

基恩　我覺得一休的詩句裡有著難以言喻的起伏之氣氛。與當時的「五山文學」（鎌倉時代末期至室町時代以禪宗寺院為中心出現的漢文學現象†）的漢詩比較，也許有水準上的落差，一般的五山文學史裡講到一休，不過二、三頁，而且都帶貶義。然而，我卻對義堂禪師（初期五山文學的代表，因為深受足利義滿的信任，而成為建仁寺的住持）所寫的東西毫無興趣。能說很優美，但是和我完全沒有關係。所以，閱讀一休的漢詩，會吃驚震動。對我來說，實在太稱心如意了。比如森伺者的故事，那漢詩的結尾處是這樣寫著的「如果我把你的深情忘記了，就讓我永遠做一個牲畜吧（森也深恩若忘卻，無量億劫畜生身）」。

司馬　有，有。

基恩　我覺得若是其他的禪宗和尚的話，也許是寫不出來的。在外國，特別是在美國，禪宗曾有過一陣非常熱鬧的時代。現在好像已經過去了，我想這其實是稍微有些可疑的東西。總之，大概是認為，已經到了連基督教的神也不再相信的時代，無神的宗教方可通行。禪宗就是如此，所以大家都在鬧哄哄地說禪好。當然，真正相信禪的人應該是有的，然而，討厭基督教，對真言密教那樣的佛教又不甚了解的人，把它當作了一個避風港。像這樣無神而直觀的佛教，才是值得自己慶幸的。這樣的人與真正的禪究竟有什麼關係，令人懷疑。

司馬　我們暫且不提與真正的禪有多少關係，日本人的情況是，有各種的宗教傳了進來，對日本人來說最適合的宗教，我認為那應該是禪。我感覺到禪和日本人是有緣份的。對現在的美國我不太清楚。但是，在日本也是因為它直觀性的特點呀，沒有繁瑣的理論地方非常讓日本人傾倒，比如說，幕府末期的志士們是不是連一聲佛也沒念，就很鎮靜地捐軀獻身了？有時候我懷疑，他們是否相信有未來，是否相信有來生，可能他們會想到各種各樣的事情，但是，他們並不是因為想到這些才去死的。不知怎麼，到了那個時代，禪這個東西已經深深地扎入了武士的心裡。為此一下子就回到天堂去的人不知有多少。「武士道」這個用語是誰創造出來的不清楚，而所謂的武士，在不同的時代有著完全不同的內容。連內含的心靈所向也不同，這是很難的問題，總覺得幕府末期時出現的武士，帶禪味的人好像特別多。

切支丹
天主教徒

司馬　話題再轉回去。是否因為有太多的宗教傳入日本，或說日本人就是這樣的國民吧。葡萄牙人最初把基督教和天主教傳入的時候（一五四九年，天文十八年），日本人絲毫也沒有流露出吃驚的神態。連睿山的和尚也以為是什麼新的佛教派別來了呢。也就是說，總覺得不過像一會兒是什麼天台宗來了，一會兒是什麼真言宗來了的情況一樣，就那麼一回事吧。

基恩　對。特別是早期的時候，方濟・沙勿略（一五〇六～一五五二，耶穌會創始人之一，首先將天主教傳播到亞洲的麻六甲和日本。天主教會稱之為「歷史上最偉大的傳教士」，是「傳教士的主保」†）不知道怎麼把歐洲的神翻譯成日語，據說曾為其大傷腦筋。最終決定翻譯成「大日」，然後說「我們葡萄牙人一直就崇拜大日。」日本人聽了以後說「是嗎，外國人也這樣嗎？」（笑）於是，沙勿略覺得：「這很奇怪，多少都應該有點牴觸情緒的吧。」接下來便認真地作了調查，才知道了用大日這個詞不好，於是決定改用葡萄牙語的「deus（天主）」。我不懂葡萄牙語，但是，聽起來很接近日語的「彌天大謊」一詞的發音，所以他說「我們是相信彌天大謊的」，聽說日本人都笑了起來。

還有一個可以考慮的是，葡萄牙人是最早來的，如果最早來的是荷蘭人或挪威人，日本人也許會覺得有些不可思議。總之，現在您去葡萄牙也可以看到，和日本人長得相似的人很多，頭髮黑黑的，長相和日本人差不了多少。同樣的日本人中也有許多容貌不一樣的人，所以，看到葡萄牙人能讓人想像多少與日本人有些不同，然而並不覺得是完全不同的人種。

司馬 是這樣的。特別是沙勿略，據說他是居住在庇里牛斯山脈那一帶的少數民族巴斯克人（長得極像日本人），因此，也許就覺得這樣的日本人也有吧。

基恩 我曾經閱讀了大量當時葡萄牙人、西班牙人傳教士所寫的信件英譯本，其中誰也沒有說過一句日本人是和我們不一樣的人種。相反，連日本女人的皮膚要比歐洲人白之類的話也說。對他們來說，日本人和歐洲人是沒有什麼大區別的。一直到很久以後的時代，也就是進入十九世紀，國家主義才開始發達起來，才出現了人種差別這東西。最初，葡萄牙人來了以後寫道，日本和歐洲幾乎沒有什麼不一樣，而且更美麗、更整潔。很有趣的是，竟還有這樣的記錄：讓葡萄牙人最為難的是，不知道應該把痰吐在什麼地方才好。如果是歐洲人家裡的話，好像可以隨便吐痰，但是，日本人的家裡實在太整潔了，聽說為此還很困惑。就這一點上，他們大概覺得日本和自己的國家不同吧。日本人比歐洲人落後這樣的想法是沒有的。「日本人有一個非常大的缺點」他們寫道，那就是不相信基督教。「如果這個缺點改正了，那麼，比哪個歐洲國家都要好」，他們如此說。沙勿略這樣寫道「對自己來說，比自己國家的葡萄牙還要親切和氣的民族就是日本人了」。我覺得正是因為有這樣的想法，日本人和葡萄牙人才會親密交往的吧。豐臣秀吉在北野的茶會（一五八七年，天正十五年）上說，「且不說日本的禮儀，說到茶道的風雅，即使連唐國人也會自嘆弗如」，總之，外國人也來吧，他是這樣說的。現在的日本人呢，按我的經驗來說，一見外國人都會有些緊張。在外國人面前做這樣的事情不合適呀，在外國人面前可以這樣說嗎？結果，只說些不痛不癢的話而作了結。看來當時的日本人就根本沒有這樣的想法。

司馬　您說得對。完全沒有。相反是非常歡迎的。那時候天主教信徒有五十萬人吧，眨眼間就傳播開來了。聽說天主教的本意就是普遍性，即使是這麼說，也是人數太多了。這既說明了對日本的佛教已經非常厭倦的一面，也許還有把天主教當作佛教的又一派別的想法也有。然而，正如剛才您說的，好像當時的日本人並沒有因為你是外國人或者這是外國的東西而另眼相看的意識這一點上，是很重要的事情。

所以，比如說，細川伽羅奢（一五六三～一六〇〇，明智玉，明智光秀的第三個女兒，安土桃山時代的天主教徒†）的故事。細川伽羅奢和她的丈夫細川忠興（一五六三～一六四五）之間，夫唱婦隨，不過，雙方也都有自己正統的興趣愛好，完全可以被稱作中世紀的代表性人物，有著充滿激情的特徵。好像夫妻之間關係也很好，不僅僅是一般的夫妻關係，而是連哲學問題也討論的夫婦關係。細川伽羅奢十四、五歲時開始對禪宗抱有興趣，有時還去造訪禪宗的和尚，儒教的書也是年輕的時候就開始閱讀了，所以，忠興對自己非常貌美的妻子伽羅奢不多多地給予奉獻不行。為了這一奉獻，便把從和尚那裡聽來的種種有關宇宙構造，人生祕密之類的哲學性話題拿回家傳授給伽羅奢，這是為了讓她高興的緣故。最終，聽說還把聽來的南蠻人（對從室町末期到江戶時代來日的葡萄牙人和西班牙人的稱呼†）的故事，即「有上帝的存在」的事情告訴了她。這才使伽羅奢變成了伽羅奢（Gracial，拉丁文恩典之意‡）。

有意思的是，傳教在忠興身上並未開花結果，而聽傳教的妻子卻成了切支丹（天主教徒）。本來不過是明智光秀（一五二八～一五八二，戰國・安土桃山時代的武將。在被稱作本能寺之變中，迫使織田信長自刃‡）的千金之一，此後的一生卻是波瀾萬丈，關原之戰的時候成了一個悲劇性的結局。

關原之戰結束以後，忠興回到了大阪。在大阪的玉造這地方好像有住宅，伽羅奢生前，有一個後來引出許多麻煩的教會就在附近，忠興曾一再勸告她千萬不要去那地方，但是，伽羅奢還是偷偷地去了與此關係很深的這一教會。神父要求忠興捐獻錢款，而捐獻了巨額以後，那神父立即就散給了可憐的孤兒呀，乞丐之類的人。忠興捐給神父的錢款，不到一天就精光了，忠興知道以後吃驚得話都說不出來了。而日本的和尚不會這樣，只知道侵吞斂聚，所以他非常感動，稱讚說了不起。但是，忠興畢竟是政治家，當時的政府是聲言禁止天主教的，所以，自己是不能成為天主教信徒的。結果，只能不了了之。然而，說實在的，在他的內心裡，也許是想一輩子都作天主教信徒的吧。不僅有與妻子的關係，特別是在妻子去世以後，給教會捐款的時候，神父一下子會把錢都撒給了可憐兮兮的人，那是引起了他極大震撼的。為此，從戰國末期，或說德川初期到徹底禁止天主教的那段時期，其實，日本人對南蠻人還是很寬大的。

基恩　因為我正在執筆中的《日本文學史》的關係，最近在閱讀種種有關松永貞德（一五七一～一六五三）的作品。像松永貞德那樣保守性的，與自由沾不上邊的俳句詩人幾乎是沒有的吧，不過，看他寫的東西，自由自在地出入於南蠻寺院，好像不僅與許許多多的基督教信徒有著關係，而且他在信裡還這樣寫道，「最近從長崎運來了一罈味美的外國葡萄酒，不一起來喝一杯嗎？」這是在德川時代難以想像的氣氛。

金の世界・銀の世界——乱世の美学

第三章　金的世界、銀的世界——亂世的美學

《足利義政像》土佐光信繪・室町時代（15 世紀）

足利義政と東山文化
足利義政和東山文化

東山文化是室町時代中期的文化。八代將軍足利義政的東山山莊為中心，融合武家、公家、禪僧等文化而誕生。京都的銀閣寺是東山文化的代表建築‡

司馬　我們所說的日本文化，常識性的說法當然是從平安時代開始的。其實，現在與我們的生活文化中心有著密切聯繫的建築呀、對事物的考慮方式來看，大致的起源是從室町時代開始的。茶道、花道是這樣，能劇、狂言（日本傳統藝能，由猿樂發展而來，以猿樂中的滑稽成分為骨幹洗鍊而成‡）也是如此。逐漸讓人觀賞的舞蹈也是在這個時代。從室町時代開始，連一般的百姓、未受過教育的武士之間也已經養成把一件事情記錄下來的習慣。究竟是怎麼會變成這樣的，根本原因還不清楚，總之，就是這麼一回事。我們今天使用的日語，可能來自當時成為標準語言的狂言。也就是說，在京都出現的狂言傳播到了津輕（指日本東北部，現今的青森縣西部區域†）的頂端，還是種子島（位於日本九州南側的一個島嶼，隸屬鹿兒島縣†），有時候，甚至還流傳到了沖繩一帶。而且，能樂和狂言的用語得到了普及和推廣，意外地成為了標準語運動。標準語被確立下來以後，做起記錄也就方便了。所以，從室町末期左右開始到戰國時代，無名無姓的人把自己經歷了的事情不斷記錄下來。自己上了戰場，而這場戰爭是這麼一回事，能把這些記錄下來的，當然是以京都為中心，而形成的這些語言在藝能上受到推廣而帶來了效果。這是我個人的想法。

基恩　我對中世紀，或者也可以說是室町時代，特別是東山文化曾經抱有過相當的興趣。然而，我一直對處於這個中心的足利義政（一四三六～一四九〇）這個人物難以把握。對我來說他簡直就是謎一般的存在。去銀閣寺的話，那裡豎著他的雕像，僅僅看那張臉難以判斷他究竟是一個儀表堂堂的人物，還是一個極其恐怖的暴君。而且，據我所了解的範圍，為足利義政寫過傳記的日本學者似乎是沒有的吧。比如說，從十年以前就開始出版發行的《人物叢書》裡也沒有記載過足利義政。大概沒有充分的文獻也是一個原因。即使如此，我倒希望應該通過一個什麼樣的形式，把至今為止所收集到的所有學問上的知識，由誰來執筆寫一下為好。

足利義政在建築銀閣寺以前，在花之御所（通稱室町第、室町殿，是室町幕府第三代將軍足利義滿在京都室町的宅邸，作為居住、處理政務之地。得名於園中所種植的各種花卉†）裡過著對我來說無法想像的生活。那時候，要問應仁之亂（一四六七～一四七七）戰鬥最為激烈的地方在哪裡，其實，就是在花之御所能看見的地方。義政輕而易舉地就戀愛，每天盡情於花天酒地之中。不過，在我們所知道的例子，就是傳說羅馬皇帝尼祿（Nero）一邊看著羅馬在燃燒，一邊拉著小提琴，那是虛構的。然而，義政公一直在花之御所幹著種種風流勾當卻是事實，而那時附近卻是橫屍遍地。因為應仁之亂，京都的街道十分之九被燒光了。真是一片「京師野地夕陽裡，舉頭雲雀低頭淚」之景，這是有點難以想像的光景。

司馬　義政這個人，從他生前有過所嗜好的世界是我們現在無法想像的這件事來看，或許是存在的。對義政抱著濃厚興趣的學者很多，然而，正如您所說的，有著與眾不同的研究而形成的傳記卻不見問世。中村直勝作過一些努力，還有評論家唐木順三、辻善之助。可是，並不是僅僅只寫義政一人。所謂室町時代，我認為，和足利義滿（一三五八～一四〇八）的北山時代比較，確實是在義政的東山時代完成的，而就是這個人，因為應仁之亂，就在他的眼前看著人們或因為飢餓而倒地死去，自己卻飲酒無度、大興土木來建造銀閣寺等。他的神經究竟有些什麼組織很難推測。

不過，從另外一面看，他只有對自己所熟悉的人是親切和善的。應該怎麼說呢？他熟悉的是一些怎麼樣的人呢？並非諸侯高官，都是一些和尚、製造佛教工具的匠人、畫匠或者演戲的人之類。當然，當時並沒有像江戶時代那樣有種族歧視那樣的東西。然而，沒有田地的百姓——有田地的也不行——田地沒有種糧食的人是被看不起的。農耕地的百姓當然要比種糧食的百姓身份低下，而如果連農耕地也沒有的人只能居住在河原上了。因為河原是不屬於任何人的地方，有時是能種一些蘿蔔什麼的。這些人，大致都是一些修理庭院、有一技之長，或者就是去經商。但是本來被稱作住在河原上的人們走進普通城鎮人家的時候，是沒有被請進客廳的習慣的。這些人，即和尚、工匠之類，義政卻讓他們進了殿堂客廳。走進客廳以後，我想，使用的一定是另外一種語言，也就是說，不斷地說些「一視同仁」之類的話。總之，他是唯一說過「所有的人皆平等」的將軍。日本明治以前的貴族中，一直不停地說，「所有的人，生下來就都一樣，將軍也是，百姓的你也是一樣的人」，這樣說的也只有義政一人。不過，他作為政治家，應仁之亂就發生在自己的眼前，卻什麼都不聞不問。也就是說，這是一個完全被政治這一東西所束縛著的人，雖然從法制上來看自己一邊是站在保護官民的立場上，同時一邊又是完全不問政治的。而他手下的諸侯們都是一些強有力、無知且貪婪殘酷的群體。說到政治，都熱衷於玩弄權術搞陰謀政治，所以，雖說他出身於政治世家，但是一聞到政治氣味就顯得不耐煩。於是，無可奈何，為自己製造了一個逃遁的世界。

基恩　他雖然也知道無數的人因飢餓而掙扎在死亡線上，仍要重建花之御所。義政為救濟民眾根本沒有花費多少，而如果是為自己的玩樂，可以一擲千金。確實他對藝術家很重視，在他們身上不惜重金，而就在自己所住的附近卻有人餓死在那裡。再怎麼說對政治這個東西討厭至極，如果想到那些和自己一樣的也是人，應該會想到死了人也是和自己有關係的。

司馬 但是，他所說的人生來都是一樣，這句話的含義，其實並沒有血脈相連的實感，只是因為他著迷於禪宗所致，人成了一種觀念之物。即使不一直說那樣的話語，只要幫助那些挨著餓的人也是值得慶幸的。他僅僅活在了觀念之中，令人懷疑作為人來說，居然還會有這樣的人存在。如果人也能靠著觀念來活著，也許義政就是這種類型的人物吧。

說實在的，我今天才第一次看了銀閣寺。很久以前曾經來過一次，在門前看見和尚正在忙著做生意，覺得很不高興，便上前大大地吵了一架，就沒有下文了。今夜第一次看見，很偶然的是，氣氛非常融洽，新月高懸，基恩先生也許是帶來晴天的人，剛才還是烏雲遮天，現在卻一下子晴朗了起來。而說到月色，在那淡淡月色下看到的銀閣寺，說美也是那圓滿無缺的美，覺得這肯定不是普普通通的人建造的。而是一個與有血有肉完全絕了緣的人所建造。另外，看那義政的木像，就是在東求堂（為足利義政所建，在東山山莊內+）裡，正如基恩先生所說的，是一個毫無個性的普通的臉。並沒有長著什麼英雄的相貌。還有，也並沒有作為一個求道者那樣在什麼地方顯示出已經徹悟的氣質，總覺得就像跌倒在路邊上的人一樣。從那木像來想像是不是太大膽了，反正，就是那個擁有知名的叫日野富子的媳婦的丈夫那感覺。義政後來斷絕了與富子的關係。這日野富子真是個古怪之人，又賺錢，又讓義政向作為媳婦的自己借錢。實在是一對奇怪的夫妻。而義政反正就是非常非常想建造一個唯有自己一人存在的世界。而且，他不也是建造了這樣一個世界了嗎？要以一個政治家的標準來評價，實在是一個極其差勁的人物。

基恩　現在的銀閣寺當然是禪寺，義政是相信禪宗的，但是同時也有淨土宗的信仰，好像還相信一些迷信。

司馬　剛才在東求堂看見的是祭祀阿彌陀佛的。如果以禪來開悟，那是沒有必要的。特意祭祀著自己死後來迎接自己的佛神，而且身居東方卻祈求著西方的人（東方之人，念佛以求出生西方之事），讓人感覺到了活脫是已經去過極樂世界的，慾望極深的義政。如果真的是開悟的話，就沒有必要這樣了。這樣看來，我覺得這是一個不三不四的人。

基恩　那個東山時代的事情，都能讓人讀得非常有趣。閱讀任何應仁之亂以及這前後的文獻對我來說統統都是非常有意思的。關鍵的主人公義政糊裡糊塗地生活著，實在是難以理解。最最中心的部分無法理解，從某種意義上來說他是神經錯亂吧。

司馬　從某種意義上來說，我認為是神經錯亂。我想他是一個在現實中看不見現實的人。

革命としての応仁の乱
革命的應仁之亂

應仁之亂（一四六七～一四七七，應仁元年～文明九年）發生於足利義政在任時的一次內亂。主要是幕府三管領中的細川勝元與四職中的山名宗全等守護大名的爭鬥。戰火從政治中心的京都燃起，遍及除九州等地以外的全國各地，動亂使日本進入了近一個世紀的戰國時代†

基恩　這裡我們想稍微對銀閣寺的「銀」加以考察一下……。對當時的日本人來說，不管怎麼說，金，應該比銀更受愛惜、更為貴重。義政知道義滿已經建築了金閣寺，接下來自己要建築的東西從一開始就無法和前面的東西作比較。從定義上來說，銀既沒有金那樣貴重，而且從實際的建築上來看，金閣寺也遠遠地要比銀閣寺宏偉得多。我認為義政從一開始是不是就已經感覺到自己的世界是有局限的呢。

司馬　還不如說，他也許是一個在設計時考慮到這個局限的人。

基恩　覺得自己的時代不是金的時代而是銀的時代。不過，這裡我在想的是從日本人的情趣來說，不管怎麼樣與金相比還是銀的更合適吧。我認為與金那溫暖的黃顏色相比，銀的淒涼冷清更具有日本的特色。正如世阿彌（一三六三～一四四三）所著《九位》中論述到的，花有多種品位，其中一種就是，好像銀的花盆裡覆有積雪似的優美。對我來說，這是非常具有日本特色的美的觀念。從這個意義上來說，後來時代的日本人或許覺得與金閣寺比，還是銀閣寺更有親近感。而且，我覺得東山文化的水墨畫、花道、茶道之類，同樣也是作為銀的世界之物所被接受的。日本有各種各樣的情趣，如果要說一個具有代表性的日本情趣，那麼，應不應該首推東山文化呢？

司馬　我也這樣認為。

基恩　絢爛輝煌的《源氏物語繪卷》，或者可以說是日本繪畫史上的最高峰，而這樣的東西頂多兩個、三個左右。然而，延續著銀閣寺的東山文化傳統的優秀作品卻是無數的。對日本人來說，這也是最有親近感，最容易理解的東西。

司馬　對日本人來說，從某種意義上總覺得金閣寺在有些地方是花裡胡哨的，而銀閣寺卻顯得很古雅。這是從剛才對金和銀的比較時我才想到的，不一定是去看了以後才產生的觀感……。

基恩　最能代表東山文化的人物是宗祇（一四二一～一五〇二，日本臨濟禪僧人、詩人，史稱飯尾宗祇。他出生平民，為著名的連歌詩人和旅行家。其作品曾廣為傳頌。同時在日本各地均有其足跡‡）吧。

司馬　對，宗祇是具有代表性的東山式人物。

基恩　宗祇也是被大家認可的行旅詩人。就是這位仁兄被邀請去地方上的時候，不是聽說比地方諸侯所受到的待遇還要優厚嗎，而這樣的事情如在他的前一時代是根本不可想像的吧。室町時代初期，連寫了《徒然草》的兼好法師（吉田兼好，一二八三～一三五〇，日本南北朝時代的官人、歌人、法師，文學造詣深厚，其著作《徒然草》由雜感、評論、小故事組成‡）也都會受到冷遇。而像宗祇這樣的人，若是出生在前一個時代，無論在什麼地方都肯定無法被人認可。

司馬　說到室町時代初期的人，兼好法師這人的家庭背景是官吏，出身還算不錯。即使是這樣也還受到了冷處理。正處於鼎盛時期的宗祇如果是生在室町時代，要說宗祇所受到的待遇方式，就好像現在相對來說比較尊重文化人的時代，還是望塵莫及無法比擬的。總之，從地方諸侯的立場來看，如果邀請了宗祇，但是他沒到場的話，連自己也會被人輕視的，所以，就挖空心事來招待。

基恩　多虧了應仁之亂，朝臣們都到地方上去了。於是，在那以前差不多等於不存在的地方文化，忽然有如花開了一般。

司馬　真的是突然開花的。

基恩　雪舟（一四二〇～一五〇六）所建的庭院呀，雪舟所畫的繪畫，在許多地方都有。如果是前一個時代的話，肯定只有在京都才能欣賞到。

司馬　如果用後世的立場來思考應仁之亂的話，看上去也只是一場毫無意義、無可奈何，僅僅是喧鬧了一番的戰爭。其實，這場戰爭留下的印象是日本人的歷史由此而改變了。也就是說，在那場戰爭中，連是什麼地方的馬骨也不清楚，都是一些被稱作下級武士的步兵在到處奔跑，他們那些人比被稱作武士階層的人在戰場上更顯得活躍。被稱作武士的人對弓與劍總有些發怵，所以，就像是由下級武士進行的代理戰爭一樣，下級武士們漸漸地開始看不起武士們了。總之，讓人覺得世上是靠實力來取勝的。所謂的中世紀充滿著各種各樣的權威，比如睿山的佛教性呀、朝臣呀、室町諸侯呀，還有血統的權威等牢牢地組合在了一起。而這一些到了東山時代差不多都像亡靈般持續不斷地微弱了下去，但是給了它致命打擊的，可以說那場戰亂才是最見效的吧。那場戰亂之後出現的人物，都是來自於民間，結果到了戰國時代，織田家的力量不斷地擴大，不久甚至連德川諸侯也被收編成為手下之人了。說到德川諸侯，包括德川家在內都是百姓，是當地居民和樵夫出身。他們本人在江戶初期，靠說謊而聚集在一起，製造出了一套血統關係。然而，從所謂的江戶武士貴族門第出身的人，差不多都是民眾身份這一現象來看，可以想到，都是經過打破一切的應仁之亂，日本才出現了這個場面的。

所以，所謂的應仁之亂，是一場既無革命意識，也沒有勝負意識的古怪戰爭。如果後人能戴上稍微帶點顏色的有色眼鏡來看的話，不是可以看出那是一種自然發生的革命戰爭嗎。沒有領袖，什麼也沒有，而且，革命的思想和意識也沒有。然而，從一般生態史觀的立場來看，那不正是起到了一種革命的作用嗎？從文化上來說，那之後出現的文化大致也是在京都創造出來的新文化意識。比如，床之間的誕生（又稱凹間，日式建築裡和室的一種裝飾，在房間的一個角落做出一個內凹的小空間，通常在其中會以掛軸、插花或盆景裝飾，以營造茶道的氛圍，或是烘托其他藝術品‡），用杉樹建造的建築有別開生面的棱角很有情趣呀，許許多多的東西開始普及，都是由民眾製造出來的。不管怎麼樣，那個時代，如果只有義政的人物論的話，不過是一種逃避吧。還是應該涉及到在應仁之亂中，到處奔走的莫名其妙的人們給後來的歷史帶來的影響來考慮，也許會顯得更有意思一些。

基恩　我也有同感。學者之霸的一條兼良（一四〇二～一四八一）的圖書館毀於應仁之亂，也許是一件好事。如今，幾乎所有的國學家的想法都是，因為這一炬之火，使得種種的故事傳說呀、歌集呀之類的東西都散佚光了而不知去向。而我的看法是，如果平安時代的東西依然原封不動地被留下來了，這此後的新文學也許就不會誕生了。

司馬　啊，這倒是挺新奇的。

金の復活——織豊時代
金的復活——織豐時代

織豐時代，又稱安土桃山時代，一五六八～一六〇三，是織田信長與豐臣秀吉稱霸日本的時代‡

司馬　我想來談談剛才您所談到的，日本人的愛好不是金就是銀這一特點。建造了金閣寺的足利義滿的時代，在東亞有一個貿易圈，就是長江以南的沿岸，就像現在的香港那樣開始出現了許多貿易港口的時候，進行貿易的商人甚至還到了日本。當然，也有從日本出去的。所以，足利義滿也趁此機會想通過貿易來賺錢。說是足利幕府，其實作為將軍府來說很貧窮，因此要想盡辦法賺錢。封地差不多都捏在了有權勢的朝臣手裡，所以，為了讓自己賺錢只有派出貿易船前往明朝。當時東亞圈的貿易盛行正好也被義滿巧妙地趕上了。所以，義滿的庫房裡也有了大量的金錢進帳。具體地動手讓義滿發了財的是京都的商人、手藝人。啟動了義滿的貿易政策，即，一般來說，政策都應該是由國家來決定的，而這一政策僅僅是為了滿足足利家的私囊計劃。在承包下這些以後，京都的商人和手藝人們能走出去了。這些人就是剛才您所提到的比兼好法師等遠遠身份低下，也就是宗祇階層的那些人，與義滿成了像朋友一樣的關係。「讓我來承包，賺了錢以後，也給我一半」，便以這樣的勁頭來幹。這是足利義滿，而足利義政卻做不了這樣的貿易。到了義政的時期，雖然並非是鎖國，但不知是出於什麼樣的原因，從國外接受的種種事情總是隔著一堵牆而被阻擋在外的時代，就是在這樣的堵塞感中產生了所謂的東山文化，正如基恩先生所稱作的是具有「日本式」的特殊文化。這也就可以說是面對義滿的「金」而義政是「銀」的文化。

不過，又過了很久以後，比如說，織田信長（一五三四～一五八二）統治京都的那段時間，又冠冕堂皇地恢復了金的地位，他頻頻地讓畫家畫《洛中洛外圖屏風》，那是信長的智謀，現在如果信長還活著的話，一定是個藝術家什麼的吧，是因為處在那個時代才成為軍人的。

這也就是對信長來說，在越後（現在的新潟縣，佐渡島除外）地方存在著非常強盛的上杉謙信一派的勢力，對此承受著難以取勝的苦衷。只要謙信一出山，自己就得投降繳械，所以，對謙信唯有誆騙才行。為此，派出了無數的外交使節，而且，還傳說他對謙信說過「你是希望來京都治理天下的吧。那時候，我一定到瀨田的唐橋來靜候，為你拎草鞋，牽著你的馬參觀京都」，您看，居然欺騙到了這個地步。這時候所奉獻的禮物就是表現京都是如此繁華之地的《洛中洛外圖屏風》。現在，還收藏在上杉元伯爵家的洛中洛外圖，是信長最初讓人畫的作品，那是狩野永德（一五四三～一五九〇，戰國時代畫師。《唐獅子屏風》、《檜圖屏風》和《洛中洛外圖屏風》是其主要代表作†）畫的，這成為一種模式，一直被維持到了江戶初期。從豐臣（秀吉）時期開始，到江戶初期的《洛中洛外圖屏風》，都是為送給那些從故鄉出來的諸侯而製作的，比如說秀吉，在晉謁秀吉的時候，都是以此作為禮物畫好讓帶回去的。也就是說，這是京都的禮物，就讓狩野畫師畫一張畫給他。總之使用的都是顯得非常華麗耀眼的色彩，而且必定都有應景點綴的人物登場。這些就是葡萄牙人和南蠻人。沒有這些點綴人物，就不能算是洛中洛外圖。看上去不是日本種的狗也在路上走。一定有狗在走。還有像非洲人模樣的人有時也出現，這是作為跟著南蠻人的侍從而出場的。沒有具有南蠻風味的應景之處，就無法表現出花花世界的特色。

我家裡也保存著可能被認為是這時期的《洛中洛外圖屏風》。我用放大鏡慢慢地仔細欣賞過，總之，裡面南蠻人特別多。京都博物館有過一次有關洛中洛外圖屏風的展覽會，這時候我家的這架屏風也被借去展出了。因為要借給京都博物館展出，才知道了它的存在。我沒有去那次的展覽會，只是觀賞了被陳列

出來的大量屏風的目錄，全部都畫有南蠻人。

所以，再回到輝煌的金和典雅的銀的話題上來。正因為這樣，也許足利義政為具有日本特色描畫出了底本。由此也創造出了東山文化這個東西。不過，這以後日本又經過了一次膨脹，那次不是中國南方，而是擴展到了南蠻。具體地說那個時代就是織田與豐臣的時代，德川初期的那個時期大致是日本文化的第二個青春期，所以才會有剛才所涉及的話題中的基督教的傳入呀，以及許許多多的東西的傳入。《洛中洛外圖屏風》所象徵的就是日本文化的青春一樣的感覺。出現了那個典雅的銀的東山時代，這典雅也顯得非常出色，但是也應該有金金滿滿的用武之地吧。而且，要畫城堡的屏風時，一定要在金屏風上畫上茂盛的松樹，傳說這是因為畫師太忙的緣故。這就是說，畫城堡到處都可以用，而且不畫大的東西就來不及。好像也有類似狩野繪畫作坊一樣的地方，用大如掃帚一樣的筆畫出來的。先畫個素描放著，然後，大概是由弟子把各種各樣的顏色描上去的吧，都是高高大大的顯得豪華絢麗。我認為這就是日本人情趣上

（上頁）《洛中洛外圖屏風》狩野永德繪・室町時代（16 世紀）
中心左下描繪的是花之御所，右邊是北邊

金的重新登場。那是和足利義滿時代一樣，向著世界打開了窗戶，這情緒不就是金的嗎？把門戶關閉起來背朝著世界的話，就出現了「日本式」的東西，也就是銀的復活。在日本的文化史中，這樣的現象一再重複。

日本的な美
日本式的美

基恩　究竟什麼才是「日本式」呢？日本獨有的東西是什麼呢？這確實是一言難盡的。比如說，若要問在陶器中什麼是日本式的，當然我的意見也和一般人的意見一致。我覺得不是柿右衛門（又稱酒井田柿右衛門，一五九六～一六六六，古代陶瓷工藝家，首創赤繪技法†）一樣的東西，倒是志野（即志野陶器，一五七四～一六〇〇，安土桃山時代，最典型的陶器種類。以長石為釉料，器具潔白呈半透明†）、織部（即古田織部，日本傳統陶器製作之一，與唐津、信樂、志野等齊名†）的東西最富有代表性吧。從某種意義上來說，顯得非常粗糙，當然是為了故意弄得粗糙而下了一番功夫的。與秀麗的伊萬里燒瓷（以有田為中心的肥前國所生產的瓷器總稱。日本在中世紀以前主要是燒製陶器，瓷器只能仰賴進口。日本首次開始製造國產瓷器是在十七世紀的有田地區‡）、柿右衛門燒瓷比較，我認為這樣更能顯出是日本式的。假如說這是和中國一樣的東西，或者說是和朝鮮完全相同的東西，從美術的角度上來看，可以說就顯示不出其獨自的特色了。

司馬　您的意思是說，即使是作為上品，但在中國或朝鮮也不會得到禮遇的。

基恩　肯定會被這些國家的人誤認為這是一般老百姓使用的東西，或者就是燒得不好的次品。然而，對日本人來說是有意下功夫讓它顯出粗糙感的。當然，至今為止我也是深受了日本的影響，可以說已經失去了作為一個外國人的眼光裡所顯示出來的新鮮感。不過，我一接觸到那樣的作品，就覺得這是非常日本式的。為什麼說那是日本式的，而在日本燒出來的青瓷不是日本式的，一下子說不明白，總覺得是那麼一個感受吧。

司馬　這我很能理解。比如說千利休（一五二二～一五九一）這個人拿著毫無情趣的百姓用的茶碗，說這個東西價值千金，以求發現美。我覺得利休這個人既沒有畫過畫，也沒有搞過建築，也就是說，雖然他並未有過作為藝術家的任何創作，但是，確實是一個看到被扔在路邊的茶碗，卻能以不一樣的眼光去發現的藝術家。僅僅去發現的話，是毫無情趣的，所以，看了這些以後的古田織部（一五四三～一六一五）會把好好的一個茶碗打碎，再把金粉和漆混捏進去，然後縫接起來。接縫的地方自然地形成了像樹木枝節一樣的模樣，無論是那色彩也好，還是因此增加的重量也罷，都十分恰當。這樣來看算是比較中肯的吧，把打碎的再縫接起來所得到的喜悅這一美的意識在其他任何地方都不存在。與其說是破碎的東西，還不如說是先把它打碎，再縫接起來，如果按照古田織部的說法，這就是創造。

基恩　我想在西洋文化中，那樣的東西幾乎是不存在的。在歐洲，比如說，林布蘭的油畫，從很久很久以前，就被某個家族小心翼翼地保存了起來。現在，拿出來鑑定一看，色彩和林布蘭當時畫的完全沒有什麼兩樣，這就是所謂最高境界的東西吧。也就是說，在那上面，時間是不存在的。林布蘭的時代和現代在時間上沒有隔閡，與畫的當日色彩一樣，是層次最高的讓人喜悅的東西。然而，我曾經聽過一次阿拉伯人有關美學的講演，阿拉伯人好像是與此不同的。

他們深深地感到，如果沒有時代感是索然無味的。我不懂阿拉伯語，但是其中有一句「巴拉克」的詞語，這「巴拉克」和歐洲的語言 Baroque（巴洛克風格）有著密切的關係。「巴拉克」就是寶物的意思。然而，據我的理解是，隨著時間的增長，自然地在作品上也會附加上一些東西。應該怎麼說呢，就是那很難下定義的神祕性的東西。所以，比如說林布蘭的畫，如果現在也能看到與當時完全沒有什麼兩樣的作品的話，就不是「巴拉克」了。然而，如果從三世紀以前一直到現在所留下的味道呀，三世紀以前就留下的裂縫，只有在這時才能讓人開始感覺到「巴拉克」。我覺得這和利休的精神是相差不遠的。

司馬　的確非常相近。不僅是利休的精神，現在也是。看我們京都太秦廣隆寺裡的彌勒菩薩吧，幾乎所有人都會覺得這是個好東西，在剛建成的當時僅僅只是貼了些金箔之類金光閃亮的東西，頭上戴著好像也比較正規的裝飾品。但是，那些對我們來說，實在是很乏味的。現在，外表都脫落了不算，本來塗著的顏料也全部褪色，變得光禿禿的。聽說這也是經過了千年左右才呈現出黑沉沉的顏色，才有些讓人覺得有意思、也好看起來了。如果是中國人，我想也許會把它重新塗過。朝鮮的話，一定也會塗過重來。比如說，法隆寺等的古建築，紅漆也都掉得差不多了，是朝鮮的話，便逐個地要再塗一遍，使青紅顯得特別醒目，接近日光東照宮的狀態，才比較討人喜歡。

基恩 談到現在的日光東照宮（江戶幕府開府將軍德川家康的神社†），它充滿了金黃色彩，非常富有裝飾性。甚至在從前的日本人之間，現在也許也是這樣，流傳著這樣一句俗語：「不到日光難言佳。」這究竟是什麼意思？

司馬 這就是我不明白的地方。說實話，日光真的很糟糕……。而且，與它同時代的，桂離宮也已經建成。所以說，無法想像桂離宮（日本庭院建築的傑作，常與同時代的日光東照宮比較。離宮之一，由宮內廳管理†）是在同一時代建造的，實在非常不好。其實，我已經在相當長的一段時間裡，沒有去看過了，但是曾在直升機上看過。我想從高空中眺望一下上野的周圍，請人帶我在上野的寬永寺上空飛了一圈。從空中來看的話就會看得很清楚，現在那地方，有圖書館、博物館，還有藝術大學，變得很複雜繁瑣。

而從上面往下看就知道，啊，從這裡到這裡是寬永寺，很容易辨認。而且，上野車站有很多鐵軌的那一側，一看就有懸崖般的落差。這僅僅用了五分鐘的時間就看完了，我所借用的直升機因為時間多少還剩著一點，駕駛員便問我還想去什麼地方，我就說，去一下日光看看吧，因為我沒有看過日光。於是就沿著中仙道的上空一直往前，朝著日光的方向不斷飛行，東京是晴天，但是日光卻是多雲。我說，讓我看看陽明門，於是下降到了能讓看清楚的高度。我在上空一直盯著看了許久，正如我想的那樣，並不是一個討人喜歡的地方。

基恩　這讓我放心了（笑）。不過，我第一次去日光的時候，正好戰爭剛剛結束，大概是昭和二十年十二月。去的時候雪剛停了不久。戰爭中，日光肯定沒有動手做過什麼修理，而且我去的時候，雪還正下著呢。除了我以外沒有一個觀光客，那時的日光真不錯。

司馬　聽說建造桂離宮的是智仁親王，一個從在政的時勢圈中被疏遠出來的人。然而，東照宮卻不然，是德川天下鞏固下來以後的第三代，要建造闖出天下的家康的廟宇之緣故，所以要各諸侯來幫忙。就是說，日本人對權力能奉承恭維的，就會盡其所為地奉承恭維的大概就數東照宮了，我想。我們不去說什麽創不創造美，因為這表現的是奉承拍馬，一定會有裝飾性的吧。或者說是黃金時代安土桃山的模仿品吧。安土桃山是一個開放的時代，正如剛才提到的那樣，黃金是和時代的情感相融合，而已經到了封閉的時代（德川時代），僅僅在金錢上還在模仿著前代的豪華，所以，金錢令人作嘔的地方也就暴露無遺了。

總之，如果僅僅讓人觀覽日光的話，日本人的美的意識肯定會受到曲解。

日本人の戦争観

第四章　日本人的戰爭觀

《壇之浦戰役》歌川國芳繪・平安時代（12 世紀）

忠義と裏切り

忠義和背叛

基恩　之前就一直想請教司馬先生，讀日本史，發現從源平時代（指源氏與平氏兩大武士勢力爭奪霸權的時期。從十一世紀末到十二世紀末，源賴朝建立武士政權的大約一百年的時期†）到戰國時代有過各種各樣的戰役。要問究竟是由什麼來決定勝負的，結局好像多為出了背叛者的緣故。如果是中國，可能就會說，我們是按照孫子兵法來攻打，因為方法巧妙而取勝。而日本的情況，可以想像最能決定勝負的關鍵時刻大致都是因為叛徒的反戈一擊，於是，一方勝了，另一方輸了。壇之浦之戰、關原之戰（一六〇〇年，關原在岐阜縣的西南端，為交通要塞，自古以來被稱作不破關。為爭奪天下，以石田三成為首的西軍和以德川家康為首的東軍在此決一死戰，因為豐臣秀吉的養子小早川秀秋大將的反叛，最終德川氏確立霸權†），不都是這個結果嗎？我對日本人在作戰勝敗上的某些情景怎麼也無法理解。我不知道怎麼領會這一現象。還是只能承認這是一個歷史性的事實也好吧，也許這其中含有某種特殊的意義。

司馬　您說得對，正是這麼一回事。在戰爭最激烈的關頭，一定會出叛徒。

不過，在這個叛徒背著這樣一個黑鍋後，是不是會一直成為被譴責攻擊的對象呢？也沒有。您所提到的壇之浦之戰就是如此，在現在大分縣附近的武士們（緒方黨等）最初是跟著平家作戰的，到了壇之浦之戰時，卻投靠了源氏。所以，在船隻的數量上源氏佔了多數。關原之戰不也是您所知道的那樣，原因是出了叛徒的緣故嗎？

這起因是同族社會的緣故，大致上都是親戚或姻親關係。因為時世時節的理由，才成了敵我的關係，然而這分成敵我關係的方法也不是有什麼很明確的理由。日本人的場合，並沒有如為著不同的宗教那樣：我是新教，那傢伙是天主教的舊教，這樣一種涇渭分明的戰爭。農民起義是有過的，那是一種性質有些不同的東西，是不能歸入我們現在這個話題的主題中的。所以，一般地來說，這一邊的親戚眷屬集團和那邊的親戚眷屬發生了戰爭，戰況不斷朝白熱化的情況發展，在到了究竟是哪一方的內部先出現混亂，才能雙方得益的時機時，便會出現「那麼就你來作背叛吧」，就此作了反叛。大家都是在同一個基礎上生活著。就在不久以前的時代，比如說昭和初期的左翼運動不就是嗎？警方讓也許是左翼的青年檢舉共產黨，隨著審問加深，當知道了「我們不是同高中畢業的嗎？」之類的情形時，漸漸地就會出現大事化小、小事化無的局面，這樣的事情絕不在少數。類似這樣的情況大致在日本的戰爭中都會出現。

比如在歐洲的滑鐵盧戰役。那次的大戰是普魯士軍隊站在了英軍一方的結果，普魯士軍隊出現在什麼地方就會決定什麼地方的勝負。最終因為普魯士軍隊的出現，拿破崙被擊破了，那是極其明快的。普魯士軍隊沒有背叛，是威靈頓的同盟軍，而且是隱藏著的軍隊，在戰術上其實也很明快。

然而，和滑鐵盧戰役相比，關原之戰從世界史上來看也可以算是一場相當規模的戰役。所以，能聲勢浩大地打一仗不是很過癮嗎？上午是西面軍得勝，到了下午卻是東面軍贏了。這中間就是因為有背叛者的存在，從這個意義上來說，作為大戰就失去了趣味。不過，對日本人來說還有一個有趣的地方，即，之所以會到此地步還存在著幕後的故事，關原之戰不過是一場露天戲而已。小早川秀秋已經由秀吉的未亡人北政所（高台院）那裡悄悄地傳來了話，要他和東面的家康交往交往。但是，綜觀戰爭的狀態，總覺得也許是西面能打贏這場戰爭。正想著該怎麼辦呢？從家康那裡來了一個強硬的使者逼他說，你不是說好要背叛的嗎？怎麼連一點背叛的動靜也沒有？小早川秀秋這才覺得無可奈何，便作出了背叛的決定。由此，我們可以看到，戰爭本身不過是一場露天戲而已。故事情節都是在前一天就已經編好的。與其說故事是這場戰爭本身，還不如說故事是在戰場的幕後進行的。

我常常與人說起這樣一個故事，現在再要重提一遍的話，覺得有些難為情。這故事大概發生在明治十七年（一八八四年）。馮・毛奇（一八〇〇～一八九一，普魯士軍人，德國總參謀長、軍事家十）的得意門生普魯士陸軍參謀將校邁克爾少佐被邀請來到日本，在日本成立了德國式的參謀本部。然後為了指導參謀，便去了關原古戰場進行現場教育，就是在這時候發生的故事。邁克爾在大致聽取了兩軍的布陣以後說，「石田這一方能取勝」（笑）。當然這是因為邁克爾對日本的歷史一無所知。這時，在場的日本人回答說，「不對，其實是他輸了。」「簡直無法想像居然還會有這樣混帳的事情，從這樣的部署來看，是石田一方有著取勝的陣勢，所以才說這是石田一方得勝。」他說。「不是，其實是被打敗了。」「這是什麼原因呢？」他提出了種種的疑問，當聽到「在舞台背後是這樣的」的說明後回答說，「如果是這樣也是無可奈何的了。」最後總算接受了歷史賦予的這一事實。對日本人來說，重要的就是所謂台後的事情，事前已經吹足風了。

相反，對我們來說，一直搞不清楚的是法國革命，非常難以理解。在法國大革命時羅伯斯比進行了一場著名的演說。此後，凡是在他的演說裡受到攻擊的人都被送上了斷頭台，我覺得那真是厲害。那也就是說，羅伯斯比所說的就是一切。然而，按照日本人的習慣，所謂的語言也僅僅可以說是屬於禮節上的東西，其實，肚子裡早已有了應該是這一回事的圖案，所以，日本人的演說怎麼說也不行。如現在的自民黨政府那樣，前一晚就已經開過碰頭會了，事前已經把什麼事都商量妥當了是家常便飯。全部都這樣做了，議會就如露天戲，或者與關原之戰一樣，在準備階段還有一點戲劇性。戰爭不過是一齣戲劇，僅僅讓人觀賞。或說它是萬博會而不是奧運會。如果是奧運會應該能決出勝負。要說日本社會裡所有事情的戲劇性，出乎意料地都是在後台發生的。

基恩　如果說日本是一個完全沒有「忠義」這一概念的國家，我也就不足為奇了；恰恰相反，這是一個被稱為比較重視「忠義」的國家，但同時又常常出現背叛的這一現象，不是很奇怪的事情嗎？

司馬　這是很有意思的。所謂的忠義，也就是這個人只與直接得到薪水的主人之間發生主僕這一關係。比如說德川將軍家和薩摩的島津家之間，在形式上是存在著主從關係的，但是，那個時代的一般人並不覺得德川家和島津家有主從關係，僅僅認為島津家加入了德川家的系列。就像子公司一樣，對母公司不需要存在什麼忠誠之心。一旦時世時節來臨，德川幕府也就一倒百倒了。然而，對薩摩的武士來說，應該對島津的主人要有忠義。那忠義的東西是比較複雜的，僅僅如畫上所畫的忠義是不存在的。

又比如，鎌倉的武士都有自己的家臣，也就是說，某個叫金子次郎的人領著三十個作為家臣的雇農，來到某個叫熊谷次郎的傘下，而熊谷次郎又去投奔到源賴朝的傘下。這時，金子次郎自己的雇農也就是戰爭時期的家臣，他們對金子次郎是表示忠義的。然而，這個金子次郎的雇農們對賴朝是沒有忠誠心的。更有甚者，對在此下一層的熊谷次郎也是沒有什麼忠誠心可言。所以，只有在就像肉體上的接觸一樣有可能接近的關係上是有忠義可以成立的，也就是如果把它稱作是狗的忠義是比較失禮的，能直接給自己飲食的人，或者說是對這一家主人表現出類似狗一樣的忠節。但是，對別人就要狂吠，這就是大致的鎌倉武士的忠義原型。到了江戶時代的武士，儒教性的忠義內容已經變得非常浮淺，也很難找到戰國時代的所謂的忠義思想了。即使說有也不過是大家所熟悉的，大多是為了守住眼前利益的，或者說是為了保持自己作為一個男子漢的體面的那陣氣勢。

基恩　文藝復興時期義大利的僱傭兵就是契約式的。究竟是怎麼樣的人成為傭兵的呢，典型的例子就是瑞士人。一個非常貧窮的國家，除了當兵別無他事，所以成為傭兵是一件幸事。但是完全沒有為祖國瑞士而戰的意念。

司馬 瑞士人在法國大革命時期，站在宮廷一邊進行了拚命的作戰。那樣，作為傭兵能如此奮戰，真是令我非常欽佩。

基恩 那是瑞士人的美德吧。（笑）

捕虜 俘虜

基恩 這是我本人在太平洋戰爭中所經歷的事情，日本人的俘虜兵都把成為俘虜看作是絕對的罪惡。因為接受的就是「生不受階下囚之恥」的教育。成為俘虜本身，哪怕當時正好是被炸彈炸昏倒了過去，也許也是不行的。這是強烈地無顏以對祖國的想法吧（橫井莊一氏在關島被發現，就是在這次對談以後不久的事情——太平洋戰爭結束二十八年的一九七二年，在關島被當地獵人發現送回日本。此時他說的「懷抱著恥辱回來了」、「羞恥地活著回國」成為當年的流行語†）。就是這個原因，成了俘虜以後馬上想到要自殺呀，也有些人說快殺了我吧。我和類似這樣的人見過面。這樣的事情在別的國家就比較難以想像。即使自己並不是那麼想成為俘虜，一旦成了俘虜，是不會首先說快把我殺了吧的。然而，日本人根據日本的傳統，接受的都是沒有比成為俘虜更為可恥的教育，於是，大家都這樣相信了，真的抱著這樣的罪惡意識。俘虜們覺得幹了這樣可恥的事情，都真的不想再回國，很多人都認為自己的這一輩子已經結束了。超過一半的人都這樣想。

不過，現在說的都是沖繩島戰役（第二次世界大戰末期在沖繩本島以及周圍發生的美日激戰。一九四五年四月在美軍登陸後的三個月裡，在軍民混入的激烈地面戰中發生了強制性的集體自殺，以及日本軍對當地民眾的殘殺，縣民約十萬人犧牲†）之前的事情，到了沖繩島戰役時就不一樣了。那時初次出現了幾千個俘虜的情況，大家對日本已經不抱幻想，所以，雖說不是喜氣洋洋地當了俘虜，但是總覺得並不是自己的責任才當了俘虜的。

司馬　秀吉的朝鮮戰役時，也有一位降服於朝鮮一邊的武士，據對方的說法，這個武士名字叫「沙也可」，「可」這個字是草體字，若把這個「可」字看作是

「門」字，也就成了「左衛門」的名字，這樣的人物是存在的。聽說從朝鮮傳來的口信是「自己從小就憧憬著儒教」，可是那個時代的武士一般並不憧憬儒教。因為那時並不是教養已經普及了的時代。所以，我覺得可能是對馬（位於日本九州北方玄界灘以西的島嶼，為日本列島第八大島嶼‡）那地方的武士，因為覺得攻打朝鮮在情理上過不去，所以，一登陸就馬上向對方投降了。而投降以後只要在俘虜收容所一直待著便沒事了，是不是？不過，這個男子不久就成了朝鮮的大將，率領著朝鮮軍來攻打日本軍。而從這裡的記錄上來看，也絲毫沒有顯示出什麼不可思議。就這一點上也不見對他有什麼在倫理上的攻擊。所以說，在戰國時代，像這樣的事情是不會牽涉到違反倫理這一點上來考慮的。

正是這樣的狀態，到明治為止，當了俘虜以後，就到敵營為敵方出力，這也一點沒有覺得有什麼奇怪。不過，明治政府覺得，這在對外戰爭中容易處於不利狀態，所以在日俄戰爭的時候一再呼籲「盡可能不當俘虜」。所謂的「盡可能」，比如說，乃木希典（一八四九～一九一二，陸軍大將。日俄戰爭時為第三軍司令†），對當了俘虜的人，不管是敵方還是己方，相對來說是比較寬大的。最初總是反覆警告要求不能當俘虜，萬一因為不得已的情況而被敵方抓去以後，也無可奈何；對半路逃回歸隊的人，乃木希典都鼓勵說「幹得好」。前面的對談中提到的正岡子規的朋友秋山真之的哥哥秋山好古就是擊破哥薩克騎兵的陸軍騎兵的創始人，有部下成了俘虜，在西伯利亞鐵橋上，不知道從哪裡跳下來逃了回來時，卻受到了責備，「因為是你傻頭傻腦，才被抓住當了俘虜的」，而乃木希典是讚揚「幹得好」。這也就是說，之所以要教育「不可當俘虜」是因為明治時，百姓的兒子去參軍了，如果不教育的話，和以前的日本一樣，將棋的棋子被對方吃掉了以後，就只能成為對方的力量，這豈不是太糟糕了嗎？

基恩　我也閱讀了日俄戰爭時的種種文獻，那時候，日本的將校也有成為俘虜的。而且，還對國際紅十字會的人提出許多不滿，「根據國際條約的規定，將校是俘虜的話，飲食應該和此國的軍人同等，然而，我們沒有得到」，到了冬天，俄羅斯人在享受著溜冰的快樂，而俘虜們卻被告知不能在湖上溜冰時，便抗議道「我們都想溜冰，這究竟是怎麼一回事。」真的能讓人覺得異常地開朗。這些軍人還留下了許多家信。

司馬 日俄戰爭時的日本軍，和以後時代的不一樣，還是比較遵從國際性慣例、國際性原則的，所以當了俘虜，不能說是一種規定，卻也可以稱得上是規定之一吧，不需要那樣卑躬屈膝的。

說到太平洋戰爭時的教育，那時我是在坦克部隊，即使是坦克燒起來了，也不允許走出外面。《坦克操作規則》裡明文寫著「與心愛的戰車同命運」。所以，被敵人的砲彈擊中，汽油燃燒起來，坦克就如同棺材一樣，讓人很愁悶。《砲兵操作規則》也是這樣寫著的。都是日俄戰爭之後編成的東西。《砲兵操作規則》裡同樣也明文規定「與戰砲同命運，寸步不離戰砲」，也就是不能丟棄戰砲自己逃跑的意思吧。因為在日俄戰爭時屢屢有這樣的事情發生，所以要以此為教訓，才設立了這樣的禁區的吧。然後，再把它升級為倫理道德的高度。有一個以前在美國坦克部隊當隊長的人，現在是什麼電影公司的幹部。我是從他那裡聽來的，是真是假不清楚。總之，聽說美國的坦克裡面寫著「這坦克的裝甲厚度多少毫米，經得住多少毫米的砲彈的攻擊，所以，你的生命不受影響」，沒有比那更為令人羨慕的了。而我們駕駛的都是像馬口鐵皮製造的坦克。日本的坦克從昭和十三年（一九三八年）開始就沒有更新過式樣，所以我認為，要大家與心愛的戰車同命運，實在是非常可怕的事情。

大致來說，「日本精神」什麼的，都被認為是非常玄虛的，或者說日本人自身對此很相信的東西，多半都是昭和初期就已經出籠的。總覺得要圍繞著「日本精神」這個主題來寫些什麼或者說些什麼，還有把軍隊教育普及到社會中去，都是昭和初年的所為。大正時代沒有那樣的事情，我想日俄戰爭時期，還多少保有了一些豁達。

基恩　再稍微前面的時代，日清戰爭（甲午戰爭）結束不久後發表的泉鏡花作品《海城發電》，其中，紅十字的人成了俘虜以後，為自己的立場作各種各樣的辯解。當了俘虜也沒有什麼，一點也不覺得是恥辱，是這樣寫著的。當時，這篇作品是公開發表的，什麼問題也沒有，然而到了昭和十五年（一九四〇年）左右，要出版泉鏡花全集時，這篇小說反而被禁止了。

司馬 是嗎？所以說，日俄戰爭時期可以說是明治的洋化時代，或者說是一個開明的時代。也就是說是與西洋幾乎不相上下。那些日本式的非常黑暗的民族主義是在昭和初期才開始成熟，一直到昭和二十年左右很短的期間裡。把它說成是傳統，究竟是從日本歷史的什麼地方翻找出來的呢？我深覺奇妙。

基恩 就這點來說，也許還能說些挖苦諷刺的話。要製造陳舊的傳統需要花十年的時間。要對所有的人說，這樣的傳統是自從有了大和民族開始就有這樣的傳統了，得花十年的時間。

司馬 正好十年左右的時間。

基恩 換句話說，花上十年左右的時間就能創造出傳統來，也許。

司馬 這正是政治的可怕之處吧。太平洋戰爭時期所謳歌的民族主義大概是德國式的東西。與大和民族的傳統，關係其實非常淡薄。

司馬　從室町時代中期到戰國時代的初期，即（豐臣）秀吉出現以前，倭寇非常猖獗。倭寇們其實都是有各自的專門職業的。在對馬這地方的倭寇前往朝鮮，在五島這地方的倭寇前往中國和南海。然而稱作是倭寇，倭寇們對世界中日本的存在卻是不了解的。在什麼地方應該做什麼生意，什麼樣的東西是受人歡迎的，並沒有貿易方面的消息。所以，在不知道應該去什麼地方才能讓自己手裡的物品賣出高價的人的底下做事就無法持續下去。但是中國人是知道的。從南支那漂流著的中國人以王直（？～一五六〇，南直隸徽州歙縣柘林人，明朝武裝海商集團〔倭寇〕首領†）為頭領，而倭寇們只會拿著刀起到耀武揚威的作用，只有在他手下幹活的份。而王直是經營者。由王直指揮應該去什麼地方，只要按照他的命令去行事，錢就會進來，所以，在五島這地方有大量的金錢進帳。於是傳說九州各地的人都紛紛投奔到五島去，真是所向披靡。而且，在九州講的都是九州話，便形成了一個能通行的九州標準話。所以，在五島使用的九州標準話是室町時代末期左右形成的。

我再談一點倭寇的事情。比如說在杭州灣口有一個舟山列島，倭寇曾經佔領了那裡幾個月，與明朝官軍進行了長期的作戰，取勝然後佔領。佔領之後就把它歸為己有不是很好嗎？不，三個月左右之後，倭寇就撤退回家了。同樣還進入了中國沿岸其他部分，佔領的事也常常發生。這是在什麼書上寫著的，我已經忘了出處，「不要去理會這些傢伙，過不了多久他們就會回家的。」中國人有著類似的記錄留著。他們很快就會想家歸國的，搞不清楚他們是為了什麼才回家的。大概是日本人很少有佔領土地這一想法的緣故吧。因此，沒有培養出能力，或者說佔領之後控制它的政治能力。

還有一個，南海地方雖然出產大米，但是常常鬧飢荒。日本是季風地帶，說南海是季風地

《倭寇》作者不詳・室町時代－安土桃山時代（14-17 世紀）

帶也算得上。而日本這個地方有適當的梅雨季，雖然也有颱風，不過環境宜人，稻穀豐盛，因為想到要吃米飯了，才想回家的吧（笑）。是的，大致就是以這點程度的理由回家的吧。非常脆弱、可憐。就這一點上來說，倭寇的戰爭方式還比較能象徵日本人吧。猛幹一陣以後就完事，受損得很厲害。雖說多少賺了那麼一點，其實賠得也實在不在少數。

還有一件發生在太平洋戰爭時的事情。因為基恩先生和我是戰友（笑），才會提起這個話題的。駕駛飛機攻擊珍珠港的人名叫淵田美津雄，奈良縣出身（他是南雲中將麾下的航空艦隊，攻擊珍珠港的總隊長，作為第一批攻擊隊，駕駛了九七式艦上攻擊機）。如果從血緣上來尋找的話，也許和我母親是遠親。前些時候，和淵田一起喝酒時談起這件事情，當然我並不是軍國主義，淵田也不會是，現在好像在當牧師什麼的，是個很有意思的人。淵田當時就曾說過「再怎麼打也是打不過美國的」不過，在珍珠港能擊沉船隻，於是，領著近三百架飛機開到了珍珠港，實際上也是擊沉了飛機的。但是，還存在著一個在擊沉以前和擊沉以後應該怎麼辦的問題。令人吃驚的是，可以直率地說，在當時的日本海軍中根本就沒有考慮過這個問題，不，不僅是海軍，連整個日本國家都沒有考慮過。要說理由可能會提出一大堆來，因為南面有荷蘭佔領下的印度，要去控制住出石油的地方呀，也許是有這樣的事情，這僅僅是說想要，卻不是什麼戰略戰術。戰略是想表現出要石油這一慾望，但唯有這一點就去攻打珍珠港怎麼行呢，根本無法解釋。

淵田生來就是一個軍人，又是關西人，所以不太拘泥於觀念思想，不屬於觀念思想型的。具體地說就是認為這和做生意是一回事。因此，幹完之後一直在為該怎麼辦而疑慮重重，而且還不知和哪一個高官軍人無意中說漏過嘴「反正都是要輸的」也許和這說法不一樣。但是，總之說過這樣一句「所以，像倭寇一樣去打」。在這裡出現倭寇一詞是為何意呢，也就是說，攻打了珍珠港，再去空襲一下美國沿岸以後再回來就可以了，僅僅如此。倭寇戰爭就是這麼一回事情。大東亞戰爭也是倭寇戰爭，太平洋戰爭不也是這樣嗎，打完了仗還根本不清楚究竟是去幹什麼的。所以這不過是倭寇戰爭罷了。

只有日俄戰爭是例外。這是一個差不多無法戰勝的對手，具體的戰場在滿洲。從地理上來說，可以浮現出這個地方，而且還可以算出敵人通過西伯利亞鐵道能送來多少部隊，面對這樣的對手，也計算過只要用上如此的戰術，有六成的把握，大概是沒有什麼問題的。有些出乎意外地是，在戰略戰術上作了深思熟慮。日俄戰爭對日本人來說倒是很罕見的一場戰爭。剛才您所談到的關原和源平之戰之類，多的是出現背叛者的原因。而與俄國作戰就無法背叛了，不能不做出一個鮮明的戰術的模型來。這樣做過的只有日俄戰爭一場。而太平洋戰爭是一場大規模的倭寇戰爭。

基恩　不過，當時我所在的美國海軍，根本就沒有這樣想過。參加海軍的時候，當時我們的海軍司令官是海軍少佐，他說，你們肯定到死都要穿海軍服了。這意思並不是指戰死的意思，而是說，這場戰爭肯定要花三、四十年時間的意思，大家一下子都變得非常憂愁起來。

司馬　這是很愁悶的事吧。

日本人のモラル——儒教をめぐって

第五章　日本人的倫理——圍繞儒教的爭議

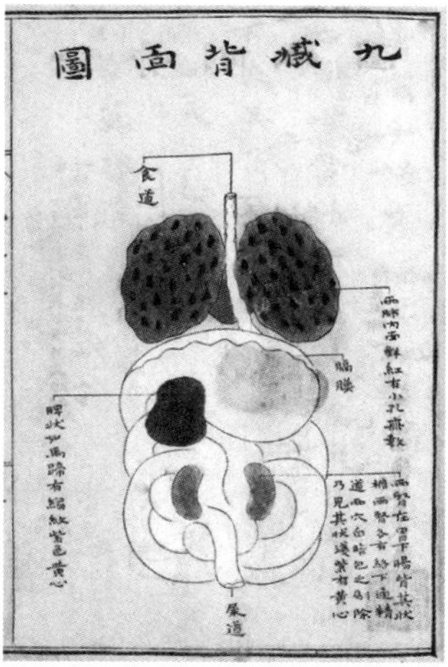

《九臟背面圖》山脇東洋繪・江戶時代（西元 1754 年）

日本人の合理主義
日本人的理性主義

司馬　日本人的理性主義根源於何處？是原來固有的，還是在和南蠻人的接觸中建立起來的？那是我從以前就一直非常關心的事情。當然這是一個很難的問題，舉一個例子來說，江戶時代中期有一個叫山脇東洋的中醫（一七〇五～一七六二，著名漢醫學者，為古方派代表人物、實證醫學的先驅‡），這個人並非蘭學的學者（蘭學指的是日本江戶時代經荷蘭人傳入日本的學術、文化、技術的總稱，字面意思為荷蘭學術，引申可解釋為西洋學術‡），是京都御所的御醫，所以從事中醫。大概在四十九歲時，第一次在栗田口（京都市東山區，為京都古時七個入口之一†）進行了人體解剖。東洋這個人因為一直用水獺來進行解剖實驗，沒有得到滿足，因此非常想進行一次人體解剖。為什麼他如此希望解剖人體呢？正如您所知道的，在中醫學裡，陰陽五行說是建立在絕對原理上的。說到人體也是，中國在宋朝時，曾經有過一起解剖人體的實例。那是得到宋朝衙門承認，由名醫來作解剖，之後製作了一張解剖圖。這一解剖圖後來也傳到了日本。不過，宋朝的這個名醫所製的解剖圖，是這個名醫在解剖以後，發現這個罪犯的內臟與自己以前學到的人體排列法的知識不相符合，也就是說與陰陽五行學說不符。他想真是豈有此理，肯定因為這是犯人的緣故才不符合的。為此，在畫解剖圖時還是按照陰陽五行的說法，也就是說，沒有把真實的人體作為看到的事實來畫，而是按照理念來畫了。以後這張錯位了的人體解剖圖也傳到了日本，所以，大多數的中醫、郎中手中所持有的，就是這張人體圖。

山脇東洋一定察覺到了其中有不可靠的地方。因為一直對此抱有疑問，於是解剖了水獺來作比較。然而水獺畢竟是水獺，好像與人體有一點兒不一樣。隨著時間的流逝，終於在東洋四十九歲的時候，他要進行人體解剖的願望得到了許可，而且也真的實現了。結果東洋說，「從中國傳來的解剖圖果然是錯誤的，事實上不是這樣的」，並且非常興奮地把這份報告寫成了《藏志》。山脇東洋生在一個出現許許多多理性主義的時代，雖然嚴格地說不一定是同時代。荻生徂徠（一六六六～一七二八）呀、本居宣長等。本居宣長是不是屬於理性主義我們暫且不論，和倫理的學問比較，也就是說他是一個採用了與當今學問相近方法的人吧。荻生徂徠不也是這樣嗎？山脇東洋是一個唯中醫是上的人，但是在那樣一個時代的空氣裡生長，儘管他是一個除了中醫什麼也不知的人，卻從醫學角度對中醫的陰陽五行學說理論產生了懷疑，並且在解剖中，自己的理性主義得到了完善。

日本人為什麼會有如此轉變的，我有些百思不得其解，至今我都覺得非常不可思議。也就是說，這是葡萄牙人、西班牙人以來，或者說荷蘭人以來的理性主義。日本人在與他們有機會接觸以後就接納為己有了。或者說日本人與中國人不同，本來就很少有觀念性的東西，我想也許這兩方面都是存在的。為什麼要如此說呢，因為日本連在律令時代都沒有完全採用過中國式的體制，完全是按照自己所想的，也就是按照具有現實性的政治體制的模樣而行事的，我認為日本人從來就沒有全盤接受過真正意義上的儒教。所謂真正意義上的儒教，就是和老百姓的交流方式呀，以至嚴格的親族關係的排列程序吧。像這樣活生生的東西也從來沒有傳進過日本，全部是紙上談兵的東西，就是說，僅僅是通讀了一遍孔子和孟子。實際生活中，並沒有變成生活的規範和方式常規，葬禮的方式呀、婚禮的形式也都不一樣。之所以避免了對儒教的完全接受，主要還是在接觸了南蠻人以後所受到的正面影響的緣故吧。

當然，中國更顯得理性不也是一種觀點嗎？朱子學這個東西不是很具有分析性嗎？這當然也是無可非議的。然而，用眼睛能看到三角形的東西就說那是三角形的方式是歐洲的智慧，而把這個方式毫無障礙一下就引進來的，在亞洲唯有日本一國吧。

基恩 當然，您說得完全對。有許多值得讓人思考的事情：為什麼同樣的近代化中國人卻沒有實現的原因是，也是人們常常這樣認為的，首先是大中華思想的障礙。中國是處於世界中心的國家，其他的國家只不過是在中國周圍的野蠻國家。因為有這樣的思想，所以就不會首先積極地從國外引進優秀先進的東西。再怎麼和歐洲人接觸交流，也不會去考慮借鑒歐洲人的智慧，或考慮更多地向歐洲學習，以求洋為中用。

日本的情況是，從一開始就有中國這樣一個先進國家在附近，所以，已經養成了一個向外國學習的習慣。然後，在葡萄牙人進來的時候，也沒有覺得有什麼牴觸感。看到葡萄牙人所持有的東西，判斷出比日本人用的東西更優秀，就採用了，根本沒有什麼因為是外國的東西就不能利用的觀念。特別是在歷史還不太悠久的戰國時代，以前的秩序都完全被更換了，至今為止的常識也被徹底地否定了，所以充滿了歡迎新事物的氣氛。考慮的方式是如果步槍具有能夠殺傷更多敵人的力量，那就使用得越多越好。我認為和歐洲人的最初的接觸，如果是在稍微晚一點的時代，比如德川時代中期，大概情景會完全不同的吧。一個證據，是不是能成為證據還很難說，日本人知道了一個被稱作種子島火繩槍（類似於步槍，一五四三年，天文十二年，由漂流到種子島的葡萄牙人傳來日本）十，織田信長的部隊就拿來使用過。這一事實是眾所周知的，步槍的專家也有好幾個，但是，大家都半途而廢全部扔掉了。德川將軍也沒有什麼步槍隊，好像對步槍或者大砲都沒有表現出什麼興趣。

也就是說，當一個社會逐漸開始走向安定和成熟以後，對外國的東西就不會那樣採取寬容的態度了。當然那些特殊的日本人，也就是蘭學學者的那些人要另當別論。作為政府，我覺得沒有再像以前那樣對外國的東西抱有很大興趣了。所以，對日本來說是處在最佳時期的時候，也就是戰國時代快要結束的時候，很偶然葡萄牙人來到了日本。這是日本的運氣太好了。因為是外國的東西，使用之後身體會汙濁不堪之類，像這樣的想法是沒有的。

司馬　攘夷思想，或者讓自己的國家神祕化起來的事情是沒有過的。

基恩　如果是再安定一點的社會，事實上這之後的時代就是這樣的。也許也有過那樣的，因為是外國的東西就不乾不淨，作為日本人不應該去使用的想法。

日本人と儒教
日本人和儒教

司馬　我有一個好像非常誇張的說法。世界上大部分的民族，如果是回教的話，就是回教，基督教的話就是基督教，儒教的話就是儒教，或者其他的當然也可以。這也就是說，我覺得都有用絕對原理一樣的東西來馴服民眾，並由此而建立起一個社會這樣的的智慧。如果不是這樣的話，那個民族的整個體制就無法組織起來。例如在中國，儒教原理幾乎延續了有兩千年左右，因為與現代社會格格不入，所以出現了一個毛澤東。他就用完全不同的原理施以猛威。具體地是不僅僅顛覆了政權，國家還不斷地無處不在地馴服人民。也就是通過再教育來灌輸吧。所謂毛澤東的教育方式都是短期性的，從我們的眼裡來看覺得非常新鮮，因為一般地都需要相當長的歷史過程才能完成。如果是回教的話，就建成了一個回教社會，一個回教的國家。以這樣的一套建立起一個國家或者社會，說是來讓人們過上幸福的生活。一般都是靠這樣經歷過來的，唯有日本人我覺得不像這樣。就律令體制來說，把像國家秩序的一套形式輸入進來，而內容卻沒有進口進來。比如說天皇就還是依靠血緣結婚來維持的。不僅奈良朝時代以前的天皇是這樣，奈良朝以後的天皇也是如此。儒教體制國家的人如果知道了，肯定會大吃一驚的吧。那些國家近親結婚是絕對禁止的，就連同姓也不允許是一條鐵則。而日本呢，最高職位的天皇首先從自己開始破除了這個規則，僅就這一點來看，我就抱著很大的疑問，儒教是否真的傳了進來？我們是否真受到過作為原理的儒教的馴服？比較來說，德川時代還是一個肯學習的時代，然而，雖說肯學習，但是剛才談到的葬禮的進行方式等，照搬了嗎？並沒有照搬。

基恩　到底儒教在日本人中究竟普及了多少，或者說在多大程度上深化了的問題，我覺得在德川時代就意外地得到了普及，現在也還是根深柢固的。也就是說，如果日本是有道德存在的話，那就不是佛教上的道德，很清楚地那就是儒教上的道德吧。前不久我從朋友那裡聽到了這樣一個故事。現在的先進國家，大部分的城市裡犯罪率都在年年上升，聽說唯有日本是一個例外。為什麼在日本犯罪最少呢？老派的日本人一定會煩惱吧。為什麼不能和其他先進國家的犯罪率並駕齊驅呢（笑），這是由自虐思想而引起的煩惱。也許什麼理由也沒有，如果說是有什麼理由的話，我覺得這是不是儒教的影響呢，您覺得怎麼樣？

司馬　我比較反對這個意見，佛教裡其實是不存在道德的，對佛教來說道德這個東西其實是沒有意義的東西。雖然有戒律那麼一套，但是與我們所想的那樣凡俗的倫理很少。儒教把這些帶了進來，然而，記住了仁義禮智信，並不能表示就已經形成了倫理觀。倫理這東西，是在筷子的使用方法，行禮的動作背後支撐著的思想。日常生活上像這樣的秩序就有儒教的存在，讀了四書五經不可能就形成倫理觀的吧。

作為一個中國人，即使差不多接近於文盲，也可以說有儒教。我從前看見中國人的車夫、工人之類，覺得非常欽佩的是他們比日本的任何儒學家都帶有儒教。我之所以這樣想，也就是非常尊重「信」這個東西，毫不背叛。若要談儒教裡的「信」，我覺得有點力不從心。不過，我認為「信」遠遠要比「禮」形成得晚，即使是這樣，好像也是中國固有的社會性的需要中產生出來的倫理。從僅僅依靠政府是不夠的想法來看，幾千年這一長河裡都無法得到政府的依靠，能依靠的只有同胞呀、親屬，或者說同鄉、友人等橫向關係。唯有靠「信」的倫理來連接，就是一個很好的說明。這是在萬般無奈、窮途末路的時候有必要而存在著的，只有這樣才可以稱得上是儒教。

不過，就日本人來說，江戶時代，藩（江戶時代幕府將軍授予一萬石以上領地的諸侯及其統治機構的總稱†）裡有儒者，規模大的諸侯有三、四人，較小的藩也有一、兩個，僅僅是這點程度的儒教。禮儀作法有是有的，室町時代，室町諸侯之一的小笠原氏，製作了一些莫名其妙的東西。說結婚的時候需要帶著聘禮去。負責拿聘禮去的人到了對方家裡，不可能沉默寡言什麼也不說，於是，在把聘禮交給對方時應該說這說那，吃飯時應該從這裡先下筷之類。也就是說，室町幕府製作出了那些毫無意義的規矩，就是要讓那些粗野的諸侯們變得老實一點。其實那不是理性的東西，而是用簡陋主義來作繭自縛，是與儒教原理沒有關係的東西。

一般來說，到了德川時代終於是能安安穩穩坐下來讀書的時代了。大家都讀書，比如說賴山陽（一七八〇～一八三二）就是一個儒學家，但是，賴山陽與親戚們的交往方法以及與親朋好友之間的交往方法也並非是禮教之徒的那種方式。僅僅把賴山陽作為一例來具體說明是比較蒼白無力的，總覺得大致的人幾乎沒有接受多少儒教這一類東西的影響。

「恥」ということ
「羞恥」之心

司馬　僅僅靠著這個習性，秩序便運作良好的原因在於「不要做有失體面的事情」。「說那樣的話要讓人見笑的」、「這樣的話說了令人汗顏」等，還有，現在的孩子都會說「真帥！」、「太差勁了！」之類。這裡所說的真帥的用語，其實，鎌倉時代的武士們就已經開始使用了，在戰場上若讓敵人看見了身體的後背實在是太差勁了，所以不能當逃兵。這樣的事情和倫理無關，是美的意識吧。我不知道用美的意識這個詞語是否恰當。因為找不到別的用詞，才用了美的意識。僅靠著像這個美的意識一樣的東西，能一直保持著社會安定的國家，日本以外大概沒有其他的國家了吧。現在也依然保持著犯罪率比較低的狀態，是一個犯罪落後國（笑）。之所以犯罪少的原因，是因為犯罪顯得太差勁了。

我如果在什麼地方幹了小偷小摸的事情，不僅會把老父的臉丟光，以後也沒有臉面和朋友見面了，僅僅如此才不犯罪。即使再怎麼精力旺盛的傢伙就因為這一點而偃旗息鼓。不過，這樣的行為在有上帝的國家究竟是怎麼來看的呢？像儒教那樣因為有著天然地自然地形成的爐火純青的人際關係存在著，萬事都得三思，而在有上帝的國家來看，我的行動有些不可思議，還是作罷吧之類是不會去考慮的吧。

基恩　上帝的觀念呀，對神的觀念，當然不僅在儒教裡是不存在的，我想在以前的日本也是沒有的。不過，我舉一個不太有價值的例子，在日本如果某一個小偷把地方商店的老婦人殺了，之後被抓住了，在進行了種種的追查之後，終於他坦白了。在這樣的情況下，他一定會說「深表歉意」或者「我幹了一件彌天大罪的壞事」之類的話吧。報紙上常常會這麼登載出來，這是報界的一種時興嗎？外國的情況不同，犯人首先是否認，絕不會招供坦白的。即使最後坦白了，現出一副窩囊賭著氣的臉，不過，絕對不會說「深表歉意」之類的話。而在日本幹了再怎麼兇惡的殺人、搶劫、拐騙事件的人，像極低下層人的存在也是同樣，報紙上都會用完全不是儒教式的語言來承認自己的罪行，然後好像都會說自己罪大惡極之類的話。這不能算是對神所持有的罪惡感，而是對社會所感到的罪惡感。

司馬 與其說是對社會，不如說是對世俗大眾。

基恩 對，是對世俗大眾。世俗大眾的哲學是怎樣的哲學呢？不就是儒學嗎？即使是我也不會認為日本人都勤奮地學習孔子和孟子，因而成了儒學家。然而，在觀賞歌舞伎時，會不知不覺地吸收到一些那樣的思想，我想這樣的現象應該是有的。比如觀賞近松（門左衛門）的人形淨琉璃劇，雖然那主要是一些殉情劇，不也是在無意之中把它作為自己的思想吸收進來了嗎？

司馬 明白了。有著像這樣一種世俗般標準的東西，於是，對此而感到羞恥。

而這個標準的東西也就是儒學式的東西。對這一點我理解了。

基恩　類似義理人情這樣的詞語，既非佛教的用語，也非神道的用語，也不會是美學上的用語，如果讓我說的話，那是儒學上的用語。而且，如果認為近松的悲劇是義理人情的悲劇，我覺得那些觀賞這一戲劇的觀眾在無意識中，是不是會把這些倫理思想作為自己的東西來相信呢。

司馬　但是，不同的例子這裡也有。方濟・沙勿略（St. Francisco Xavier，一五〇六～一五五二，第一個把基督教傳入日本的西班牙傳教師）到了薩摩的坊津，載著自己而來的船隻將於一星期後揚帆出港，所以，在上岸後的一個星期裡，他將自己的所見所聞，給西班牙國王寫過一封信。其中，沙勿略在坊津所看到的薩摩人是作為全部的日本人來看的。所謂的薩摩人，感覺上還是比較代表日本式的，我認為，這是選擇了優秀的代表。當時的薩摩人都是一些大老粗，與從前的隼人相隔並不甚遠。就是這樣的薩摩人，他們常常掛在嘴上的話是「真難為情」，而且非常的自戒。沙勿略在信中寫的都是這樣一些內容。

這之後，又過了很久，在德川時代初期，作為政府的正式使節，朝鮮通信使節來日本的時候，在江戶城受到了日本漢學家的多方接待，雙方便用漢文作筆談。在這方面，對方顯得很老練得手，而日本的漢學家僅用很差勁的漢文來對應。這時候，朝鮮通信使節說「貴國即使沒有警察也能安穩度日呀。」「這應該怎麼說？」日本漢學家問對方。「聽說在警察去之前，人已經自殺了」他答道。聽的一方深覺困惑。不知是林大學頭（江戶時代昌平坂學問所的長官。元祿四年，即一六九一年開始由林信篤擔任，從此都是林家代代世襲†）還是誰看見這一天日本一方的學者困窘不堪的樣子，就這樣答道，「不是，這僅僅在薩摩一個地方。薩摩有這樣的風俗習慣。在薩摩，如果有受綁縛之辱，就覺得是非常羞恥的事。與其如此，還不如用自己的手來自裁。所以，捕吏不用特意去，事情也能平息。」標準就是「羞恥」這個東西。因為無臉見江東父老，總覺得自己所作出的行動應該由自己來糾正。但是看樣子世俗一般不肯原諒，所以唯有自己剖腹自殺以此了結。像這樣的事情只有在薩摩這地方存在，其他的地方也和朝鮮一樣。日本的儒學家這樣對應回答。

《方濟沙勿略像》作者不詳（17 世紀）

INRI
SATISEST DNE SATISEST
IHS
S·P·FRĀCISCUS XAVERIVS SOCIETATIS

然而，我從內心來說，是比較想把薩摩人當作日本人的原型來處理的。相對來說，這是一個還殘留著鐮倉時代風氣的地帶。如果是這樣的話，雖說他們沒有讀過什麼四書五經，而且連江戶時代的薩摩藩，大致都是武士出身，也被告誡盡量不要看書，因為相信看書只會學會說大道理那一套本領。在有如歌舞伎或者文樂裡已經摻雜了儒教的形式，說明那時已經推廣普及了。而沙勿略所看到的薩摩是儒教以前的時代，德川時代初期的薩摩人，我覺得是最遠離儒教影響的。這樣的薩摩人，也就是日本人行動模式的大致情形吧。

基恩　說薩摩和儒教沒有關係是不可能的吧。藤原惺窩（一五六一～一六一九）為首的一批人要想學習儒教時就是去薩摩的吧。

司馬　是去了。您連這些也知道。所以在基恩先生面前說話是不能漫不經心的（笑）。但是，說得明確一些就是，因為他想去中國才到坊津去的。所以，並不是對薩摩充滿著憧憬才去的，中國船要經過琉球或者什麼地方，我不太清楚。大概是經過琉球這條航路，好像坊津和中國的杭州之間是有這麼一條航線的，惺窩是為了渡海的原因吧。

基恩 但是，我這是有些糾纏了。惺窩到了坊津以後，才知道去中國去不成了，之後也並沒有什麼後悔。因為他發現了想要學習的書籍在日本也找到了，所以異常高興地回到了京都。

司馬 正是這樣。是在坊津找到的。在坊津找到的，也就是說，在薩摩有著相當數量的儒教書籍流傳到了那裡嗎？（笑）不過，這個惺窩被各地的諸侯請去，而惺窩這個人卻是一個很難弄的，話不投機的諸侯那裡就乾脆不去，而且又是一個不願收取諸侯俸祿的人。一輩子都堅持了自由的立場。加賀藩始祖前田利家對惺窩所說的話言聽計從。他開講的是什麼程度的講義呢，用現在的話來說，就是如處世哲學那樣的東西。反正像前田利家那樣的大老粗，惺窩說些高難度的內容也不過是對牛彈琴。我想他說的都是一些如果這樣做的話就會得出這樣的結果之類，但是，就僅僅是這點程度的內容對戰國時代的前田利家卻如五雷轟頂一樣吃驚，說這樣的內容從來也沒有聽到過。那時正好也算自己兄弟輩份的加藤清正也在座，於是，就對他說「清正，你也應該招呼一下惺窩，請他來談談學問之事」。這時候的學問好像也就是處世術之類的，並非高不可攀的理論，我想惺窩說的大概都有點接近世俗倫理的形式吧。僅僅就這麼個程度，前田利家那樣的人家會顯得那樣驚訝，可見儒教大概並沒有怎麼普及吧，我想。怎麼樣？

基恩 大概是這麼回事吧。不過，我依然覺得儒教的影響非常深遠，現在也相當深遠。即使最近品行不正的少年們，對父母親的態度也有一點與美國品行不良的少年的態度不一樣。

司馬 日本品行不正的少年還有那樣好的地方嗎？

基恩 有啊。（笑）

他力本願
他力本願

最早由淨土真宗之祖師親鸞推廣的佛教用語，親鸞主張絕對他力、惡人正機。「他力」表達的是阿彌陀佛的力量，「本願」則指不論人性善惡，佛祖均會將其超渡至西方極樂世界的發願‡

司馬　日本人的倫理現在究竟怎麼樣，對我來說其實這也是我感覺到的難題之一。像倫理一樣的東西，只是從儒教那裡學到過。然而自己的國家所獨創的倫理原型現在究竟怎麼樣呢？

比如親鸞提倡的所謂「惡人正機說」，表示「善人尚且往生，況惡人耶？」（惡人正機說是淨土真宗的教義之一，由日本佛教僧侶親鸞於鎌倉時代初期所創立。親鸞對迫不得已而作壞事的人感到同情，卻非常反對人故意去作壞事，他說「就算是有解藥，也沒必要喝鴆酒」‡）昭和二十年的時候，前來京都的美軍情報部的相關人員聽了這話後說，這是非常不順耳的思想，是讚賞惡行的思想，如果放縱這樣的思想就會後患無窮。他們這樣判斷之後，便傳喚了一些相關人員，要求就此加以說明。不知為什麼傳喚了幾個人之後也把我叫了去。說是傳喚，其實還是很有紳士風度的，他們這樣對我說，「想請教您一些問題，是否請您來一下」。當時我還是一個初出茅廬跑新聞的記者。我就想我又不是和尚，為什麼讓我去呢，一邊這樣想，也一邊就去了。在那裡我把親鸞聖人的「惡人正機說」究竟是一個怎樣的學問，通過翻譯員的翻譯勉勉強強地作了解釋。他們所認為的倫理這個東西就是長期以來接受的基督教裡的倫理，而現在這個倫理卻被否定了。談話也只進行到這一步。而我卻主張「惡」這個東西，就像原罪一樣存在著，是與生俱來的東西。我自己也有許多這樣的東西，比如說，性慾旺盛、物慾旺盛，是一個很難走進極樂世界的人。可是，即使如此，阿彌陀佛還是要拯救我，這一感激之聲是從南無阿彌陀佛那裡發出的。我這樣拚命地作了說明，但就是難以變成倫理的問題。那麼，這和倫理之間存在著何等關係？他們問。我就說，那樣的事情我也不清楚，去問別人吧。我就這樣打道回府了。

自那以後，我就一直在思考這個問題。我這樣說，其實並沒有作什麼進一步地思索。我認為即使不作深刻思索日本也照樣很安定。也就是說，都是一些住在古怪的島國裡的人們，隔壁鄰里都住得挨門挨戶，是一個連今晚的飯菜是什麼都瞞不過周圍鄰居的社會。所以，只是因為不能做令人覺得羞恥的事情而保持了整個社會的安寧秩序。僅僅靠這點程度的事情就能保持社會的安定，真可謂是一個不可思議的國家。我一直把日本當作不可思議的國家，就是在這一點上。

基恩　在這樣的時候日本人就常常會說：「正因為日本是一個非常小的國家才會這樣」，日本人在考慮外國的時候，如果是以前的話，中國就是外國。最近的外國是美國。確實是比日本幅員廣闊。然而，如果把日本和荷蘭放在一起來考慮，我猜想荷蘭還沒有日本十分之一的面積，從人口的密度來說，比日本還要高。為什麼像荷蘭這樣一個小國，有著很多人口，卻形成了一個與日本完全不同的社會這樣一個事實，還是再作一點思考為好。

還有剛才談到的「惡人正機」的話題，我認為，親鸞聖人說的話，非常地簡明易懂。我從來沒有產生過什麼牴觸。從開始閱讀他的學說時，我就覺得這一觀點實在見識卓越。也就是說，我的想法是善人這東西是一個很奇怪的概念。自己以為自己是善人的人是最難進入極樂世界的（笑）。親鸞一定認為這是當然的事情。如果是善人的話，自己在什麼地方建了寺廟、造了五重塔，因為這樣就認為一定能毫不費勁地進入天堂了。然而，這樣的人是最不能進入的。如果是惡人的話，至今為止自己幹的都是壞事，從一開始就知道。僅僅依靠自己的力量是絕對難以升入天堂的，所以，靠著阿彌陀佛的力量也許有可能混過去。這個思想對我來說，非常清晰明瞭。但是，西洋人的新教徒，如果是真的深信新教的人，我覺得確實會對此難以理解。新教是自力的宗教，特別像荷蘭這樣，是自力思想的國家。荷蘭的商人們是靠著自己的力量，確確實實地把一個一窮二白的地方，連什麼資源也沒有的國家改變了。對這些人來說，日本的他力本願思想是非常難、也不易理解的東西吧。

西洋芸術・東洋道德
西洋藝術、東洋道德

司馬　說到荷蘭，基恩先生所著的《日本人的西洋發現》中出現的本多利明（一七四四～一八二一，精通數學、天文學和航海術等，有關經濟，荒野地的開發的著作甚豐‡）就把荷蘭稱為最優秀的國家。幕府末期坂本龍馬（一八三六～一八六七，幕府末期的志士，土佐藩士。曾在千葉周作道場學習劍術，後來脫藩，師從勝海舟。是大政奉還的功臣，在京都遭暗殺†）最初聽到荷蘭憲法的講義時，是在高知縣的鄉下私塾裡。這個私塾的老師究竟是怎麼翻譯的，僅憑想像就可以知道有多麼滑稽。這之後又聽了美國的制度覺得非常了不起，於是才決心做革命家的。首先荷蘭這個國家對日本人來說，是一個不可思議的國家這一印象當然也是有的。安藤昌益（一七〇三？～一七六二？）也把荷蘭想像成一個理想的國家，所以，荷蘭是一個有聖人的國家這一印象，不只本多利明說過。

基恩　對，他覺得非常不可思議。為什麼同樣都是人，荷蘭人卻比我們優秀得多呢？

司馬　最後，那人（本多利明）寫了一些古古怪怪的東西。他說，因為我們是住在用草木建造起來的住房裡才變得傻乎乎的。住在用鋼鐵和石塊砌築起來的住房裡的國民，頭腦就是聰明。所以，是無法匹敵的。然而，像荷蘭那樣拚命地通過遠洋航海進行貿易活動的話，日本人也都能住上石砌的住房。現在大多數的日本人都住在石砌的住房裡了。（笑）

還有，勝海舟（一八二三～一八九九，幕府末期、明治時代的政治家）是要比本田利明更晚的時代出生的人，他從美國歸來，一腦子的新思想。有一個叫橫井小楠的思想家，熊本縣出生的人，與勝海舟成了非同一般的朋友。橫井小楠這個人在當時是屬於相當危險的思想家，他只懂漢文，當然讀不懂荷蘭語。所以常常去向勝海舟請教世界將會成什麼樣，海舟便提到了美國總統制度的事情，傳說小楠當場擊掌說「這就是堯舜的世界」。就此，勝海舟對小楠大加讚賞，說他是一個領悟性強，一下便能抓住事物本質的人。因此，要說江戶中期以後的日本的知識階層對西洋所持有的印象，當然這不屬於全部，頭腦清晰的人的觀點是「聖人並不是只有中國有」，如果一不小心超越了這個界限就會成為基督教徒了。因為一直受到基督教就是惡魔的猛烈教育，所以成為基督教徒的恐懼在小楠等人那裡也許是有的吧。於是為了抑制不要成為基督教徒，似乎他們都對自己加上了種種的限制。

比如說，幕府末期的志士，明治時期具有代表性的元老之一的長州的木戶孝允，在明治成立以後就立即去了歐洲。差不多就如觀光旅行一樣快速遊覽了一番，再繞道美國之後才踏上歸程。在去的船上，隨從的福地源一郎之類都是一些非常熟悉海外情況的人，所以，他的大腦裡有關西洋的事情大致是清楚的。那時候他覺得共和國是可行的，至今為止一直是為了「尊王攘夷」而到處奔走的人，接下來要走共和國之路了。這也就是說，什麼是最接近堯舜時代的，或者說什麼樣的政體對富國強兵最為有利，當然要算共和國這一政體了。傳說歸來以後，他說了一句「還是走王政這一條路吧」。這其中的一個理由，我認為就存在著一個基督教的問題，在長崎鎮壓基督教事件中，基督教徒都被帶到了津和野的乙女嶺那個地方槍殺了，其實幹了這件事情的就是木戶孝允。他是一個在此後才讚賞革命家、共和政治的人，只是在基督教的問題上無可奈何並沒有能超越自己。一邊覺得西洋是極其史無前例的，荷蘭是舉世無雙的，一邊可能又害怕會糊裡糊塗地成為基督教徒這兩面性吧。

基恩　在本多利明的作品中，一用上基督教這一詞語的地方，寫的都是不好的事情。另一方面，早在一七八九年前的羅馬出現了一位非常聰明的皇帝，他傳播了這種和日蓮宗性質完全相同的宗教妙法，因此他寫道：西方已經如此流行了，如果日本也能有類似的宗教妙法該有多好？如果要問那個宗教妙法是什麼，我會說是基督教。（笑）

司馬　雖然明治維新有厭惡基督教的傾向，但是明治政府的大官，都採用了法國式的民法，那就是一夫一妻制。在這一點上，也不覺得有牴觸情緒。也許是不知道這是來源於基督教的東西，或者，我想基督教變成了法律這一技術的緣故，而變得無害了。在這些事情上，相對來說並沒有什麼抵抗，讓人覺得很有興趣。所以，正如我很久以前就曾想到的那樣，是不是因為日本人對原理是很遲鈍的這一緣故呢。深刻思索一下，如此的民法為什麼會在歐洲和美國產生，其實也因為有著基督教的根基。由此來看，明治維新政府也都成為基督教徒不就可以了嗎？非也，他們並沒有把基督教指定為國教，而是捨棄了樹幹，僅取了枝葉。因為這樣方便才這樣做的，換句話說，日本人就是一個不懂原理的民族。

基恩　還有一個。我的想法是，在中國有著各種各樣日本人無法作成的極其優秀的東西，反過來日本也有中國所沒有的出色的東西。究竟應該怎麼說呢？這是日本人獨特的「誠意」或者說是「真心」。當然說中國人沒有「誠意」的證據是不太容易找到的。總之，不管怎樣要想讓人相信在日本有著中國所沒有的東西這一點上，山崎闇齋（一六一八～一六八二）就是一個。到了佐久間象山（一八一一～一八六四）的時候，他就說過「西洋藝術、東洋道德」這句話。我覺得他是通過自己的眼睛來確證過西洋的技術比日本的技術優秀，不過，若說西洋的道德比日本的道德低劣或者優秀的話，象山究竟是以什麼來證實的呢？為什麼一定要以東洋……，當然這時所說的東洋，應該是包括日本和中國的吧，為什麼一定要以東洋有一個什麼，而放上一個西洋沒有什麼這樣一種說法呢。

司馬　因為無法站直，所以，就坐也不是站也不是了。

基恩　所以，用機械來打比方，當然，西洋的火車要比日本的傳統火車（這裡指轎子）走起來快，那是容易理解的。而道德這東西是無法清楚測量出來的，所以就說東洋道德優秀。然後，那一定是明治時代最理想的，借用西洋的東西來原封不動地守住日本，或者說東洋固有的道德。這道德究竟是什麼呢？

司馬　那是非常有意識說的。不過，我倒是覺得，日本人最出色的地方，就是我剛才所說過的，是較少受到原理這個麻煩東西的困擾。那麼，日本究竟有什麼東西呢，唯有這一個島國罷了。就是僅僅有日本這一個像碟子一樣的東西，然後，在上面盛放各種各樣的東西，就這一點上反過來說日本不也是一個很有意思的地方嗎？有關這個問題再怎麼說也是說不完的，以後有機會，我們再來討論一次。接下來再換一個話題怎麼樣？

基恩　那麼，就暫時告一個段落吧。

第六章　來到日本的外國人

日本にきた外国人

《西博爾德像》川原慶賀繪・江戶時代（19 世紀)

津和野
津和野

司馬　聽說您去了津和野（位於島根縣西南部＋）旅行，怎麼樣？說到津和野，根據我的記憶，森鷗外（一八六二～一九二二，小說家、評論家、翻譯家、軍醫是島根縣津和野出生＋）就像現在的幼兒園兒童一樣年齡時，他的父親就開始教他學習荷蘭語了。他父親大概是荷蘭醫學的醫生，應該是懂荷蘭語的。但是這麼小的年齡就教他外國語，總讓人覺得有點不可思議。西周（一八二九～一八九七，哲學者、啟蒙思想家，故鄉也在島根津和野＋）和森鷗外，這兩個創造了現代日本的人物，雖說是河的兩對岸，但畢竟是鄰居同鄉。還有一個很有意思的是，在津和野落，就在差不多同一時期，還出了一個叫福羽美靜（一八三一～一九〇七）的平田派國學家，擔當了明治新政府的神祇官之類的官職，實行了廢佛毀釋（意為廢除佛教、毀滅釋迦牟尼。屬明治政府打擊佛教的主張與政策，打壓佛教運動的高潮為明治元年，一八六八年＋）的政策。是一個很厲害的國學上的民族主義者，還說要把佛教也廢除掉。我的看法是，不管怎麼說廢佛毀釋是明治政府最大的敗筆。所幸的是途中廢佛毀釋的運動漸漸走向了消沉。總之，那時候，好的建築和佛像都大量被毀壞了。這個總負責人就是從津和野出來的。而另一方面，像西周和森鷗外那樣一批深深了解近代歐洲的人，卻加快了明治時代現代化的步伐。特別是西周就是如此，真的出現了這樣一批人。津和野雖說是一個小地方，卻很有意思。

基恩 我也深為吃驚。走進當地的博物館，那裡陳列著各種各樣的東西。從常識來看，有很多荷蘭語的書籍並不值得大驚小怪，但除此之外，英語書、法語書、德語書、俄語書也有，而且好像也有在德國的大學取得了博士學位的人，牆上掛著用拉丁語寫的證書。還有一張西周用法語寫的科學實驗室（chambre de science）的親筆字樣。非常富有國際氣氛。

司馬 我認為那是從江戶時代的中期開始，漸漸形成了這樣一種傾向。那時有將近三百個藩存在著。如果是五萬石程度的小藩要想創辦什麼產業，既無能為力，也沒有什麼資金財力，總覺得有一種被人疏遠了的感覺。於是便在江戶時代前後開始，確定了以學問為主的明確目標，然後，以藩為單位，開始拚命地運營起來。和大的藩比較還是那些規模在五萬石程度的藩對學問更為熱心。比如說，在伊予的宇和島藩以及在日向的飫肥藩，都是伊東這個諸侯的領地，從小小的藩裡，也出了許多名人。另外還有在中國地方的岩國藩（中國地方是日本本州島最西部地區的合稱，包含現今的鳥取縣、島根縣、岡山縣、廣島縣、山口縣等五個縣‡）以及津和野。到了幕府末期的時候，即使如宇和島那樣一個小地方，要是提到蘭學，大家一定會說應該去宇和島。還有一個盛行蘭學的地方，叫越前大野這個地方，現在就連地名也差不多被人忘記了。當時，那裡也是一個小小的諸侯……。

基恩 我想福知山也是。

司馬 對，福知山也同樣。大家前往那樣的小地方去學習。所以，並沒有僅僅去江戶學習蘭學。特別是越前大野，在蘭學中，說一句滑稽的話，如現在的教學體操的名人也有。理由是體操也屬於醫學的一個部分，不學習體操的話，就不能說是學到了完美的醫學，這是在越前大野。從各方面來看，在江戶時代可以說學問都是在地方上，當然，在中央也是有文化的，但是總覺得在地方上形成了做學問的風氣。而且就蘭學來說，與其是說在江戶，還不如說是在大阪更為繁盛。

基恩　不過，京都好像沒有什麼蘭學的東西。

司馬　對。京都大概討厭這樣的東西。一會兒來朝臣，一會兒來和尚的……（說到京都的寺廟）如果把比較小的寺廟都算進去，大概有三千個左右，一個寺廟如果有三個人，那麼，光和尚就有一萬人左右了。總覺得那裡不是一塊具有學習蘭學氣氛的土地。

基恩　我對津和野藩的學問確實感到吃驚，與此同時，我也對他們對武道的熱忱感到吃驚。這些武道現在陳列在博物館中，一般來說我們的常識是，到了幕府末期，武術訓練的熱情減退了，武士自身也墮落了。但是那裡不然，看著那些展覽，即使是很小的藩，你也能知道他們一直在拚命不斷地進行著武術的練習。

司馬　這還不如說，想尋找什麼能支撐自己的東西才這樣幹的吧。不過，津和野這個地方，正如您所看見的那樣，從地理環境來說，就好像一個燒瓦的窯一樣，看上去是一個往上去的窯……。

基恩　對，對。

司馬　一個長長的谷底，南面是一個台地，這南面高高的台地就是長州藩（萩藩．山口藩的總稱＋）。從長州藩可以往下一覽無遺。所以，長州藩如果真有這樣的心思，一天就可以攻陷津和野了。日本一旦發生什麼變動，長州藩要著手幹些什麼，津和野只能乖乖地跟著長州藩一起幹。所以，要和長州藩對戰的氣概從地理上來說也是不可能產生的，根本鬥不過。練習武道的時候心裡總覺得很徒然吧，因為反正也是不會打贏的。所以，也只是以一種精神勝利法來操練武道、弓道、劍術之類，小藩的人們誰也不會覺得這些東西能實際使用。我剛才說的，正好藩的邊界是台地，一旦長州的軍隊衝下來的話，津和野就沒有戲可以唱了。所以，津和野的武士們是按照正規的武道在練習的，在練習的同時，也不忘把精力集中在做學問上。做學問是為了要爭口氣給大藩的那些傢伙看。我的看法是，正是在這樣的氣氛中才誕生了西周和森鷗外的吧。

基恩　西周作為極少有的幕府末期的學者去了荷蘭留學。其他的人如福澤諭吉因為覺得荷蘭語一點兒也派不上用場，轉而改學英語了；而西周到最後還認為荷蘭語好，沒有放棄。他的想法是，（當時）在有用其他的語言記錄下來的東西中，如果是重要的內容，一定會再添上荷蘭語譯文的，所以，他覺得還是學荷蘭語的好。

司馬　與此在內容上相同的是，村田藏六（一八二五～一八六九，幕府末期的兵法家，為日本兵制的現代化盡了力，他是長州百姓身份出身，後來又叫大村益次郎†）也說過。大村是在大阪的緒方洪庵的私塾裡學習了蘭學以後才成為醫生的，一直到最後都對蘭學充滿了信心。他對自己的荷蘭語很有自信。不過，說是這樣說，表達能力卻不行，唯有閱讀和書寫是過關的。然而，到了使用英語的時代，正好他一時也在江戶，因為橫濱有一個用赫本式羅馬字拼寫的有名的赫本博士（美國長老派教會的牧師、醫生。一八五九年、安政六年來日，為草創期的日本醫學界作出了貢獻‡），於是，也開始學習英文了。那時候，大村益次郎還在侍奉著幕府，他是一個經歷非常複雜的人。雖說是長州出身，因為本來是莊稼人，無法成為長州藩士，而學問實在優秀的緣故，受到了幕府的聘用。就是這個他，因為有赫本博士在，才開始去學習英語的，結果，不知是沒有用功，還是從年輕時一直對荷蘭語學得太拚命，英語怎麼也進不了大腦，總之，成績令人絕望。於是，就破罐子破摔地說，「醫學或者其他的事情都已經用荷蘭語翻譯出來了，所以，只要學好荷蘭語，就能了解世界」。

緒方洪庵塾
緒方洪庵塾

蘭學者、醫生緒方洪庵在江戶時代後期的大阪船場開設的蘭學私塾。正式名稱是適適齋塾，也稱作適適塾。由來是緒方洪庵的號「適適齋」†

基恩　緒方塾的荷蘭語的水平非常高嗎？

司馬　有關明治以後的外語水準高低很難推測。也就是說，就像學習漢文一樣，只要能閱讀和書寫就算過關了。而要想進行會話什麼的幾乎是不可能的。所幸的是荷蘭語，當然這話在精通荷蘭語的基恩先生面前說是一種大不敬，只要懂語法，大致也就懂一半了。所以，這是一個對語法很重視的私塾。而且也教醫學，不過，說是教醫學卻僅對病理學非常嚴格。還有就是依靠自己的經驗來學習了。這個所謂的病理學，是採用荷蘭語的教材來教的，在通讀這些教材的過程中，漸漸地荷蘭語也會出色起來。大村益次郎在緒方塾裡是同學中的頭兒，這既可以稱作塾頭，也可以稱作塾長，但是大家都叫他「麻世特」（即老闆、師傅之意。）〔註〕，那用荷蘭語應該怎麼發音呢？

基恩　梅斯太爾。

司馬　他把這「梅斯太爾」改成日本式的說法叫「麻世」。所以，村田藏六又叫「麻世」，這之後入學的福澤諭吉也叫「麻世」。福澤諭吉誇口說，從大阪的緒方塾出來的，就是天下無敵的蘭學家了，江戶什麼的是沒有什麼可怕的。

此後就威風凜凜地闖到江戶來了，首先直奔去了橫濱。那橫濱的通商港口對當時的日本人來說，就好像看世博會那樣，因為覺得非常難得，大家都搶著要去。到了那裡，就能看見整個世界了……。此時，各國的商館還沒有完全建成，路旁還飄散著馬糞的臭味，一下起雨來大概就會泥濘不堪。然而即使是這樣，因為到處都擺放著外國的稀奇的東西，而且有外國人進進出出，所以，好像從江戶去了大批人馬。福澤諭吉到了江戶以後，也馬上去看了。

雖然他自己學的是歐洲語言，但是看著那裡掛著的各國的招牌，卻一個也看不懂。這是怎麼一回事？他總以為，在日本無雙的緒方塾掌握的洋學應該能把那些東西全部都讀懂的。以為學了荷蘭語，全世界，全歐洲的語言，還有美國的語言都能看懂了。其實不然，差不多都是英語。不對，好像最初還沒有搞清那是英語。那天是當天去當天就回來的，大概是當地人告訴他的吧，這裡說的不是荷蘭語，是英語。他受了極大的打擊以後，回到了江戶。於是接下來就改學英語了。就這一點上，福澤諭吉與西周，還有剛才提及的大村益次郎都不一樣。福澤諭吉更年輕，頭腦也非常靈活，他當即改行說接下來應該學英語了，只要把英語學好，就能了解世界了。自那以後開始學習英語。

基恩 聽說那時在出島（長崎市，一六四一年到一八五九年間，是荷蘭商館所在地。在鎖國政策實行期間，出島是日本對西方開放的唯一窗口‡）的荷蘭人非常地傷心。也就是說，至今為止日本人學的都是荷蘭語，所以，把荷蘭當作了西洋的中心，而到了下一個時代，大家都放棄了荷蘭語改學英語了，荷蘭人覺得非常不是滋味。

司馬 前一次我也說過，像荷蘭這樣的國家是一個非常不起眼的地方，日本人是在參加國際性的安政條約（一八五八年、安政五年，美、荷、俄、法、英要求開放箱館、兵庫等五個港口的通商條約†）時才知道的。所以，那時在長崎的荷蘭人的悲傷，我想一定非常強烈吧。

不過，到了昭和四十四年（一九六九年）的秋天十月份左右，有幾個日本的醫生去了荷蘭。這些醫生的祖父、曾祖父大致都是學過荷蘭醫學的人，自己本人也是醫學部的教授。比如說，緒方洪庵的曾孫緒方富雄博士，此人是團長。還有在有關霍亂問題上得到了洪庵的種種傳授，越前出生的藤野，他的孫子是大阪大學醫學部微生物方面的名譽教授的藤野恆三郎先生，還有一個叫大鳥蘭三郎的人，是慶應大學醫學部醫史學的教授，這人是緒方洪庵的弟子大鳥圭介的孫子，河上徹太郎的夫人的弟弟，因為是學習荷蘭醫學的，從慶應醫學部畢業當了教授，轉行為醫學史，開始從歷史上對荷蘭醫學進行研究。我和他們中的一些人在赤坂那地方一起喝過一次酒。那是一次很不錯的宴會。總覺得能以一世紀以上為單位的事來進行對談，所以，酒是喝得特別地愉快。這時我突然想到這次應該由誰來結帳呢？碰巧是一個叫伊東的代勞了。唯有這個伊東先生一個人不是醫生。不過，這個人，應該算荷蘭醫學醫生、幕府的內廳醫生伊東玄樸（一八〇一～一八七一，江戶末期至明治時的醫生。建學校傳授西方科學，培養學者和醫生。後成為江戶幕府醫師，專為將軍家族看病。在江戶設立接種中心，是日本首位使用天花豆疫苗的醫生†）的曾孫吧，第四代，現在是一個叫巴比利歐公司的經營者。這巴比利歐公司是伊東家經辦的，所以與荷蘭醫學以及化妝品多少有點關係，聽說明治以後一直是一個化妝品公司。另外由學習荷蘭醫學的人創辦的大學也有，比如說，順天堂醫大，慶應也有。慶應和順天堂，是在日本的大學裡唯一設立有醫學史課程的兩所大學。這連國立大學也沒有。這些是荷蘭醫學以來的所謂學校。因為這個原因，那天晚上是由巴比利歐公司招待的。也就是說是受到了伊東玄樸的宴請。仔細想來，我覺得日本的荷蘭醫學也是有傳統的。

這隊人馬於昭和四十四年（一九六九年）的十月前往荷蘭。大鳥蘭三郎先生雖說行動不便，但是他說自己的名字因為也和「荷蘭」的「蘭」有著關係，也一起同行了。在當地，受到了對方荷蘭學會的接待，參加了許多的歡迎會。荷蘭給日本莫大的影響和好處，然而，聽說荷蘭人自己卻不太清楚。所以說，對方可以說是一個大國。予以別人的施捨卻連自己也忘得一乾二淨了。前去的和醫學史有關係的先生們原來想能在荷蘭，就荷蘭和日本的關係，從荷蘭學者那裡得到一些什麼指教，現在卻反過來，不對他們加以說明和指導不行。而且，就是這樣一個施恩無限的荷蘭，卻絲毫沒有想到要求對方領情回報，一點也不在乎地就忘記了。大家這樣告訴我。

基恩　在相當長的一段時間裡，對日本人來說，歐洲也許只有荷蘭一個國家。

但是，荷蘭呢，也許也是很重視出島這個地方的，不過，對他們來說，比這裡更為重要的是雅加達、東印度各島、西面的諸島，在這些地方有著許多殖民地，在那裡發了大財。所以，如果沒有什麼特別有興趣的話題，是不會在日本和荷蘭之間的關係上作些什麼研究的吧。對日本人來說，應該不僅僅是醫學，還有油畫、銅版畫，在所有的領域從荷蘭人那裡領受到了知識。不過，也不是有什麼事情少了荷蘭人就無法被掌握，荷蘭人只不過是一個偶然的因素，如果是英國人的話，也許會教得更出色。完全是一個偶然的原因荷蘭人留了下來。葡萄牙人和西班牙人都已經被趕了出去，荷蘭人也許也是充滿著疑問地在猶豫著，為了貿易死守著出島的設施是不是符合國家的利益。當然，幹走私生意的人一定在背後發了大財的……。

司馬　在那個時候的限制貿易中，僅僅通過正式的路徑來賺錢的話，是比較困難的吧。不過，有一點得利的是，金價沒有歐洲那麼昂貴。在日本金和銀的價格說不上是同等價格，但是差價不明顯。所以，只要把銀貨運來就能廉價地

（上頁）《荷蘭商館宴會》川原慶賀繪・明治時代（西元 1825 年）

買到金貨。通過正規路徑的話，也許只能發到這點程度的財吧。

基恩　還有一個，日本的銅含金量很高。日本人在當時，還不能出色地從銅中把金精煉出來。荷蘭人就大量廉價買進銅，賺了一筆錢，但是比什麼都更能獲得利益的首先就是走私了。然而，應該注意的是在長崎的荷蘭人，其實都是和做學問毫無關係的商人。我曾經讀過一部分的《出島商館日記》，比如說，（荷蘭商人）被當地諏訪神社的人邀請去參加了祭祀活動以後，那日記裡寫道「那樣實在單調無趣的東西其實不看也無所謂，倒是還有許許多多的帳本還沒記完呢」。就是如此，對日本文化不但根本就沒有表現出興趣，連好奇心也沒有，連長崎是個什麼樣的地方也不想知道。在這兩年期間，過著的是極其不自由的生活，卻換回來了大量的金錢，即唯一考慮的就是這個事情。不過，在這少數的人中間，也有頭腦清醒，考慮到日本和荷蘭之間關係的人。其中有一個叫德福的人（Hendrik Doeff，荷蘭商館長官‡）他是在日本逗留時間最長的荷蘭商人，總是在留心思考著日本和荷蘭之間的貿易。他的論調是，日本實際上沒有什麼必要從外國購買任何東西，日本人用自己國家生產的東西，就能過上十分幸福的生活了。荷蘭人也一樣，其實並不需要日本的什麼東西。但即使是這樣，在出島的貿易居然持續時間長達三百年，真是一個十分稀罕的事情。

司馬 那個德福因為種種原因，不得不在出島逗留了很長的一段時間，這期間還編了一本字典。那對日本的幕府末期走向現代化起到了莫大的作用。德福的字典與其說是由印刷版，還不如說是由手抄本開始流傳開來的。幕府末期的蘭學書生為了賺取學費，便把它傳抄下來，以多少多少錢一本來出售，總之，賺取了差不多能買一小幢住房的錢。所以，對蘭學書生來說這是一個收益甚豐的臨工。

說到德福的字典是一個了不起的東西，連雖說不上是蘭學的發祥地，當時是最大的蘭學薈萃地的緒方洪庵也只保留著一本。而且放那字典的房間至今還在。這是為存放德福字典而專門設立的房間，而書生們都在另外的地方。翻查字典的時候，一定要去那裡才行，把那本字典拿到別的地方去是絕對不允許的。

只能在那房間裡翻閱。如果通宵學習的話，就點著蠟燭去那裡翻查以後，再回到自己的房間。所以，被稱作德福的房間。那德福的房間連夜燈火長明，差不多從來就沒有斷絕過，僅僅是就此一本字典的緣故。德福給日本帶來了如此重大的影響。但他本人卻是一個商人。

基恩　是商人。說到字典，我在津和野看到了《蘭和字典》，也是只有陳列著那麼一本。編得很出色，我認為，至今為止像那樣舉例豐富的字典還是很少的。而且還是手寫的。那字優美得讓我吃驚。現在已經沒有能寫那樣的洋文字的人了。

シーボルト
西博爾德

司馬　正如您剛才所說的來出島的荷蘭人都是商人。不過，西博爾德（一七九六～一八六六）

來的時候，在歐洲和美國等地，一時流行著如果誰發現了東洋稀有植物或者礦物，並把它帶回國內，在學術界發表了就算誰的成績這樣的風氣。說到去中國的話，以傳教士身份去的人已經不在少數了。在遠東不是還有一個日本嗎？所以，西博爾德按照現在的方式來算，本來應該屬於德國人，也許因為親戚中有人是荷蘭國王的侍醫，就此編入了荷蘭的海軍，以海軍的軍醫少佐什麼的身份才來到了日本。他來日本是以冒險為目的的，剛才您說的荷蘭人在長崎對諏訪那地方的祭祀絲毫不感興趣。然而，就是從這個西博爾德起，才開始對日本的，怎麼說呢，用現在的話來說就是文化人類學加以注意起來了。

那時候，長崎有一個日本人的荷蘭語翻譯，作為幕府的官員一家代代都是荷蘭語的翻譯，所以，說的荷蘭語可以說還是比較標準的。西博爾德來了以後，經過一段時間接觸，總覺得西博爾德的荷蘭語哪兒有些不對勁。當然，西博爾德也許只會說那麼一點荷蘭語，因為是德國人，說得肯定不好。但是如果承認自己是德國人的話將會是一個不得了的事情，因為荷蘭人以外來日本都是禁止的……。那時，這個幕府的翻譯就說「西博爾德先生，你的荷蘭語不像樣」，那些官員們也在確認自己的荷蘭語是否有錯。於是，西博爾德不拚命為自己辯解就不行了，便說「其實，在荷蘭有山間裡的荷蘭語，那就是我使用的語言」，我覺得他回答得很巧妙。（笑）

基恩 世界上再也沒有比荷蘭那樣一個和山脈無緣的國家了（笑）。西博爾德來日本的理由大概有很多吧。其中之一是荷蘭與西班牙在很長一段時期裡進行的戰爭而被佔領的緣故，所以，德福也在長崎逗留了十幾年，自己的西裝也已經越來越破爛了。日本人都覺得荷蘭這個國家已經沒有什麼可以期待了吧。而荷蘭人卻在想盡種種的辦法來說服日本人，荷蘭依然還是一個強國，一個了不起的國家。為此，不僅送了一頭大象，還送了種種稀有的東西給日本。如果沒有這樣的事情出現的話，也許是不會把像西博爾德那樣優秀的學者派遣來的。

司馬 西博爾德作為一個年輕學者，在當時的歐洲也是第一流的。也許可以說是學問之家，那個家族裡大部分的人都是大學的教授。千里迢迢到遙遠的日本來，應該說是一件莫大的冒險吧。而那些仰慕西博爾德的日本書生們和西博爾德之間建立起了非常濃密的關係。對此您覺得怎麼樣？

基恩　總之是一件極其難得的事情。西博爾德和學生們的相會並不是在出島而是在長崎的城裡。一般從法律上來說，那是應該被禁止的行為，而且對當時執行公務的官員來說，無視法律應該是絕對不行的。當然因為是對這個人物的欽佩，作為一個特殊例外，才在比出島更容易行事的地方建造了一個學校或者商館的吧。

司馬　確實是如您所敘述的那樣。幕府的官員們默認了西博爾德來到長崎城裡，的確不是法律，而是對這個人物的佩服之由。事實上西博爾德也顯得比較自由。建造了鳴瀧學舍（西博爾德於文政七年（一八二四年）在長崎郊外開設的一家診療所兼蘭學私塾。與江戶的芝蘭堂、京都的緒方洪庵塾齊名，培養了伊東玄樸、高野長英等，人才輩出），其實是打算當作一家小規模的醫療學校用的。是一間臨時搭起的小屋，在去那鳴瀧學舍的路上，可憐的病人們相信只要西博爾德醫生能給他們把一下脈，就會藥到病除。所以，大家都聚集在那裡，而西博爾德會和顏悅色地給大家把脈，因為有過這樣的事情，聽說人們對他感激不盡。

基恩　他只是在一件事情上走了麥城。西博爾德相信了一個叫間宮林藏的人（一七八〇～一八四四，江戶後期的探險家†），如果沒有這件事，也許會有更多的人得到了解救……。本來西博爾德對間宮林藏的工作大加讚賞，不僅贈送禮物，而且還寫信。但是林藏卻原封不動地送到了公事公辦的官廳裡去了，使得像高橋景保（一七八五～一八二九），一個天文官並兼任圖書管理官員這個嚴肅認真的學者也被抓進了監獄，最終病死於牢房。西博爾德自身也是，送給景保的地圖全部被沒收了，西博爾德以及與他有親密關係的人都受到了反反覆覆地拷問和審查。

司馬　間宮林藏是一個相當陰險的間諜。對日本人來說，他是一個發現了間宮海峽的偉大人物，我們在上小學的時候，教科書上都有記載。現在大概沒有記載了吧。林藏是幕府的間諜的事，現在已經成為常識了。西博爾德第二次來日本的時候，自己在長崎生的女兒伊禰已經長大了。弟子們對這個女兒精心培育，弟子們把從西博爾德那裡學到的荷蘭醫學又傳授給了他的這個女兒。與自己的女兒初次見面時，西博爾德非常感慨地對女兒說，由醫學而得到的教養的光輝反映在了你的臉上。他覺得感激不盡。

而在相反的一面，西博爾德又不得不對日本徹底的失望。已經開始出現了不要荷蘭的形勢，日本人也已經知道了英國、美國、法國才是大國，在這樣的時候他正好到來，而且想趁此機會糾正說自己出生在巴伐利亞（德國南部的一個州，啤酒產地十），但是巴伐利亞究竟是一個什麼地方，沒有一個日本人知道。於是又重新想打開天窗說亮話，告訴他們自己是德國人，然而日本人可能已經無動於衷，第二次也許是非常傷心地離開日本的。

基恩　還有這樣一個故事。究竟是第一次來訪日本的時候，還是第二次來訪的時候，我記不清楚了。西博爾德在大阪看了人形淨瑠璃木偶戲的《妹背山婦女庭訓》，深受感動。回到歐洲時，就把這個故事告訴了當時在法國非常著名的歌劇作曲家梅耶貝爾，他對此也極感興趣，希望一定要把它改為歌劇。劇名為

《盲人皇帝》。觀看《妹背山婦女庭訓》時，劇中有的「山之幕」等片段非常有名，而為什麼要把劇名改成《盲人皇帝》呢？不太清楚。然而就在最近，我在國立劇場從頭到尾又看了一遍的時候，確確實實發現在開頭部分一個雙目失明的天皇出了場，我才恍然大悟，難怪。西博爾德說自己是德國人，但是長期居住在法國，與梅耶貝爾合作的歌劇雖然沒有實現，而不久小說家都德（一八四〇～一八九七，法國著名小說家，《最後一課》、《柏林之圍》是舉世聞名的作品†）聽了這個故事以後，一定要和西博爾德見一面，希望能更詳細地知道這個故事。西博爾德那時候正住在德國的南部，都德趕到了他的家，敲門敲了半天，也不見有動靜。再等也不見有人出來，便走了進去，只

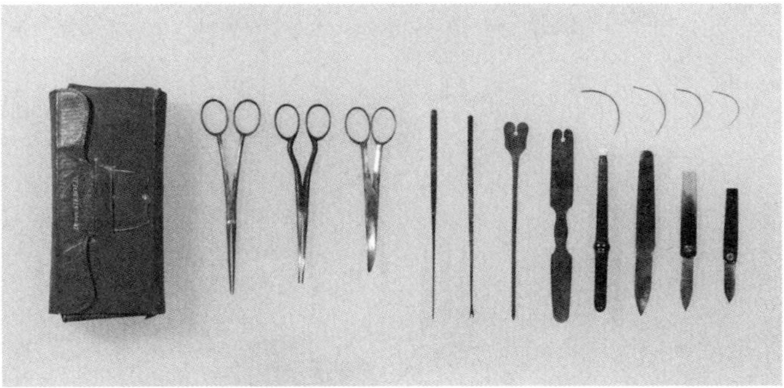

「西博爾德的手術工具」· 江戶時代（19 世紀）
便攜式醫療器械，包括折疊手術刀、滴管和鑷子等 15 件，
裝在紅色皮盒中，上面寫有西博爾德的金色字母。

看見西博爾德死在了那裡。後來都德感慨萬千地把這件事情寫進了他的《星期一故事集》(Contes du lundi) 裡了。

司馬　真是一個很傳奇的故事。

基恩　一個非常不可思議的故事。如果能順利地進行下去的話，現在就有了一部《妹背山婦女庭訓》的歌劇了。

ボンベ先生
龐貝先生

Johannes Lijdius Catharinus Pompe van Meerdervoort，一八二九～一九〇八，是荷蘭海軍的二級軍醫。江戶時代末期來到日本，引進了荷蘭醫學。他在日本待到一八六二年，之後返回荷蘭。‡

司馬　西博爾德回到自己的國家以後，受到的待遇也不錯。這是因為大家都認為西博爾德是一個了不起的人物。這之後的安政四年（一八五七年），到日本來的是一個叫龐貝的醫生。這個龐貝和西博爾德不同，是幕府最初邀請來的醫學教授，同樣也來到了長崎。這時候，鎖國當然還是鎖國，因為是安政條約之後，龐貝沒有遇到像西博爾德所受到的那些刁難，是耀武揚威而來。就是這個龐貝為日本醫學的草創期作出了貢獻。說西博爾德進行了傳授，但是並沒有把醫學作為一個組織結構來傳授的足夠材料帶來，作為講義的教科書也不充分。而且稍微多教一點就會受到幕府的責備，雖說西博爾德的弟子有許許多多，但是大家都各自保密不外傳。還有一個冠冕堂皇的表面理由是不能直接與西博爾德接觸。

但是，到了龐貝的時候，情況就完全改變了。他來的時候是公認的。雖然是公認的，幕府這東西是很奇怪的，說是已經締結了通商條約，卻還是掛著一張鎖國的牌子，所以決定了只能由松本良順（一八三二～一九〇七，西洋醫學家十）一個人和龐貝接觸。這個松本良順是將軍的隨醫，後來還改了名字只叫「順」。幕府瓦解的時候，跟著幕府一起去了函館的五稜郭。明治以後成了軍醫總監。

松本良順是正式得到龐貝傳授的醫師，因為只有這個松本良順一個人得到了幕府的承認。也許是大家都想成為龐貝的弟子的緣故吧，預計會蜂擁而至，於是，就探討出一個先讓松本良順去龐貝那裡聽講課，再把這講課的筆記帶回住地來教弟子們的辦法，結果也就這樣決定了。松本良順在當時就已經是幕府的隨醫，是得到了大旗本（從中世紀到近代，是武士身分的一種。江戶時代石高未滿一萬石，但有資格在將軍出場的儀式上出現†）這一高位的有身份的人。所以，不會去做那樣傻乎乎的事。無可奈何，就從江戶帶了一個語言天才的人作為他的祕書，那人就是司馬凌海（一八三九～一八七九，醫學家、語言學家，愛知醫學校校長†），佐渡出身，是真宗寺和尚的兒子。不知什麼原因，十幾歲的時候，已經掌握了兩、三門外語了，但不知他究竟在哪裡，又是怎麼學的。聽說還懂德語。可是，在當時，日本根本就沒有德國人。松本良順把司馬凌海這個十八、九歲的少年聘為祕書，在聽龐貝先生講課時，司馬凌海就作筆記。司馬凌海能原封不動地把荷蘭語速記下來，然後帶回住處，再把記下來的筆記給大家傳抄。就是採用了這樣的奇怪形式，他們也就都成了龐貝的弟子。這就是現在的長崎大學醫學部的基礎。

龐貝在荷蘭，作為學者的地位與西博爾德比相當低，而且能不能算得上學者還很難說。在這裡我插幾句稍微離題的事。日本戰爭時期，為了迅速培養軍醫，創辦了臨時醫學專門學校，中學畢業以後在那裡學四年就能成為醫生。現在依然還有很多從臨時醫專畢業的醫生到處在開業行醫。同樣的情況，聽說在當時的荷蘭也發生過。要把醫生派遣到雅加達那樣偏遠的地方也許是不太容易的吧。誰都不想去那樣的野蠻之地，所以，在荷蘭有多少醫學部不知道，但是根據能成為海軍軍醫的這一約定，像這樣特別的速成班是存在的，龐貝就是從那裡畢業的。他在日本就是按當時在那樣的大學裡做的筆記再原封不動地進行教學。所以，用荷蘭醫學的速成講義來教松本良順，又由司馬凌海速記下來，再讓等在居住地的弟子們按原樣傳抄，我認為這事實上是一個很有意思的傳播方式。

在居住地等候著的間接接受的弟子之一，叫荒瀨的青年，是周防（舊國名之一，現在的山口縣東部）三田尻地方醫生的兒子。和其他的青年一樣，好像都把龐貝看成了神一樣的存在，這是非常受尊敬的方式。這之後，他成了醫生，想到自己之所以有今天都是託了龐貝的福，所以在三田尻自家的住處建造了一個神殿，叫做龐貝神社（笑）。家裡的人清早起床以後，一定先要去拜一下。龐貝逗留了沒有幾年，就回荷蘭去了。此後在荷蘭幾乎以一個無名之徒而了卻了後生，然而在日本的荒瀨家裡，在他還活著的時候就有了龐貝神社來供他。荒瀨的孫子現在是善通寺的國立病院名譽院長。就是這個人想把龐貝先生在日本的回憶錄翻譯成日文。荒瀨不懂荷蘭語，但是在善通寺有一個小小的私立短期大學叫四國學院，那圖書館裡有一本荷蘭語字典，僅用這本字典，因為他有德語素養大致可以明白吧。靠著這本字典開始翻譯，終於於最近把龐貝的《在日五載》一書翻譯了出來。

龐貝確實是一個很和善的人。一個人在長崎，有什麼日本人要求學習醫學的話，除了努力教授以外是沒有其他立足之地的，或者除此以外，也無法生存。因為這一立場，就顯得格外地親切。弟子們受到的感動，過了一百年都不見消失。荒瀨進這個人，該稱作是孫子還是曾孫不清楚，過了五十歲才開始學習荷蘭語，終於把書翻譯了出來。這是一個挺不錯的故事。聽到這樣的故事，總感覺到日本和荷蘭之間依然有著千絲萬縷的連繫。

クラーク、ハーン（小泉八雲）
克拉克博士、赫恩（小泉八雲）

基恩　外國人在日本的所作所為，能出名還是不能出名，其中的原因和理由，說實在的，我們不太清楚。有些情況下，雖然在日本住得很長，也為日本人做出過不少貢獻，卻默默無聞地消失了。相反，也有如在北海道非常出名的克拉克（一八二六～一八八六）那樣好運的人。北海道大學居然現在還有克拉克館，他說過的話「少年啊，立大志（Boys, be ambitious!）」也成了日本的格言之類，非常有名。他究竟在日本多久呢？明治九年受北海道開拓使的邀請而來，好像沒到一年吧。不覺得他究竟做過什麼貢獻，居然名揚天下。

最近去了一次松江（位於日本島根縣東部，出雲地方的宍道湖沿岸），那裡有名人拉夫卡迪奧·赫恩的墓。

完全依照日本人的習慣，一塊隨處可見的墓地，聽說那墓葬著珍貴的赫恩的遺髮。不僅如此，在一本介紹松江文學的小冊子上，松江最重要也最為著名的文學作品是他寫的，除此之外，日本人寫的沒有。於是，我想查他在松江究竟住了多久：一年三個月。僅此而已。但是，就這麼一點時間，他卻是松江最有名的文學家。非常滑稽。

還有一件不太為人所知的事。德島縣來過一個葡萄牙人莫賴斯（一八九八年，明治三十一年來日，當過葡萄牙駐神戶副領事，以後與日本女性結婚，於一九二九年在德島去世），大概也會作為最高的德島文學的吧。

司馬 是最高的吧。沒有一個會凌駕於其上。

基恩 與此相反，龐貝先生在長崎有五年左右吧，卻鮮為人知。

司馬 對啊，龐貝不為人知。龐貝晚年時，不知什麼原因好像在紅十字會工作。有一次紅十字國際會議什麼的在歐洲舉行，日本代表也去了，參加的森鷗外想，那老先生也一定會到場的吧，環顧四周，果然龐貝先生在。於是，對老先生說，在日本大家都把您當作了神看呢。他聽後，呆然過了好久才緩過神來，是不是這樣說了不知道：「自己最輝煌的時候就是在那些日子裡」，要是我的記憶沒錯的話，他是這樣說的，記得在鷗外的哪本書裡這樣寫著。

基恩　可以想像這樣的事情一定有。之前設計建造了帝國飯店的美國建築家賴特也說對日本有一種特殊的感情。前些日子他用他在日本收集到的浮世繪出了一本畫冊，是一些不能說在別的地方就很難見到、珍貴無比的東西，不是。不過對他來說那是多麼重要啊，或是在日本的那段經歷在他一生中佔據著怎麼樣的重要地位，看了那些就能想像得到。

アーネスト・サトー
薩道義（佐藤愛之助）

司馬　一個並非屬於文學性的或者說是文化事業上的人物，但是應該評價是一位政治上的人物的話，當然要數是在幕府末期時候來日的薩道義（Sir Ernest Mason Satow，一八四三～一九二九，日本名為佐藤愛之助‡）。我曾經對前往英國留學的人說過，其他什麼也不用查都可以，但是，一定要仔細地調查清楚薩道義這個人，並要求由此寫一篇論文。我對三個人說過，然而三個人都沒有實現。最近評論家萩原延壽（一九二六～二〇〇一，歷史學家、作家。《遙遠的懸崖：薩道義日記摘錄（十四卷）》，連載於《朝日新聞》†）去了，刨根究底地調查了一番。總之，薩道義這個人是一個偉大的人物。與其說，是薩道義改變了日本的幕府末期的狀況，還不如說，是他讓日本走上了正軌。他的貢獻是，就好像列車快要從軌道上脫軌滑出去的時候，就是他又讓列車重新上了軌道的感覺。他是貿易商人的兒子而並非貴族出身，所以大學並不是劍橋，而是倫敦大學或者什麼大學。總之是以一個翻譯生身份進入了外務省。「我非常想掌握一種語言，那語言就是日語」。因為當時學習日語的學校一所也找不到，所以他被告知「那就直接去日本吧」。他連中國話也不懂就踏上了來日的征途（一八六二年，文久二年）。半路上，順路去了一下中國，多少掌握了一些中國話，然後一邊在橫濱的大使館工作，僅用了一兩年左右的時間日文的書信公文也學會了。

當時的幕府支持法國，對法國是十分盡心的。當年的幕府就好像從乘坐著的荷蘭列車下來，換乘了下一列的法國列車。聽說在法國這個國家裡出了一個拿破崙這樣一個偉人，幕府一定認為這是一個世界上的強國。所以，此後陸軍的編制就是按照法國式實施的。法國公使改換成了貝爾庫爾和羅什，兩個都是精幹的能人，特別是後來元治元年（一八六四年）才來的羅什（Léon Roches，一八〇九～一九〇〇十）這個人，好像是拿破崙三世的得力心腹一樣，作為外交官也是有很多手段。就外交上來說，有正統的正直誠實的外交之路，也有與此不同的，而寧可說詭譎多變的外交之路。如果有這麼兩條路的話，他也許屬於後者更難說。即使如此來到日本以後就說，日本如果像現在這樣原封不動是不行的，他有一種日本人以上的志士的氣氛。羅什是這樣想的，但是不管怎麼樣也要以幕府為中心來考慮。當然是和幕府有著很深關係的……。與將軍直接見面的次數也不在少數，他覺得將軍周圍的人

薩道義・江戶時期（西元 1921 年）

應該以德川家為中心建立郡縣制度，可以說德川家就是總統，或者說是世襲的總統。這樣的體制不知是否有過，拿破崙三世就是一個例子。拿破崙三世這個人雖說是拿破崙的姪子，不知吃了多少苦頭，終於以一種不正常的方法當上了拿破崙三世。就按照這樣的方式辦，他這樣教導日本人說。如果這樣的話，京都的勢力就會被打得落花流水，這樣德川家也能代代相承下去，像這樣的事情不知教了多少次。於是，小栗上野介（一八二七～一八六八）這個人便開始頻繁地活動了起來。小栗上野介不懂法語，而讓他活躍起來的是懂法語的栗本鋤雲（一八二二～一八九七）。這可以說是幕閣裡親法派的鬥士吧。所以，法國公使教導了幕府許許多多的國際性的政治學，甚至也包括日本改造的計劃。

我認為那是誠心誠意教導的。實際上這是很有趣的一件事情，來到一個人生地不熟的地方，然後，站在這地方的立場上拚命教導他們。以一顆無私的心，為了日本而獻身的精神比日本人還要周到，所以，我覺得羅什是相當真心誠意的。

但是，身在橫濱的二十二、三歲的薩道義總覺得法國在幹著令人難解的事情。他想，他們不知道要讓日本走進國際社會的舞台，首先一定要清算的是幕藩體制本身，為此，第一就是要推翻將軍家這一現實。他認為這樣一個封建制度是不能走上國際社會的，不採用中央集權制度是不行的。而那個中央集權制度以江戶為中心是毫無意義的，採用以京都為中心的制度的話，連百姓、城鎮居民都是天皇的臣民，就能一掃至今為止江戶式的等級制度了，薩道義就連這些也考慮到了。

也就是說，第一個提出將軍不是皇帝這一思想的就是薩道義。從國際法來看，以前全部都是把將軍作為皇帝來考慮的，即使是正式文書也用皇帝來稱呼，但是，這二十三歲的青年卻看穿了其實這不是皇帝而是諸侯升了級罷了。那時候的日本人究竟看穿了還是沒有看穿不知道，相反，旁觀者清。往往旁觀者看得特別清楚的現象也許是存在的，當然，能通讀全部文書是一個很關鍵的因素。比如說，其他國家的外交官都以「御老中啟」的尊稱來書寫文書和信函，而唯有薩道義能點穿這一點說，遠來的外國使臣對幕府的大臣沒有必要使用敬語，只要稱「老中啟」即可，根本不用加上「御」。那是日本人的等級制度中的下層人物對上層才用「御老中」一詞的，英國的公文書上只要寫上「老中」就可以了。也就是說，因為懂語言，諸如這些細節也能看得一清二楚。

薩道義在當時橫濱發行出版的周刊《英文日本時報》上撰寫了一篇對日本未來展望的文章（一八六六年，慶應二年）。在當時的日本，著作權什麼的根本沒有的情況下，不知是誰把這篇文章翻譯成了日文，並散發了幾千份。西鄉隆盛全神貫注地閱讀了此文，並把它變成了自己的展望。稱作是《英國策論》，作為英國所考慮到的日本的展望，常常掛在嘴上的是「《英國策論》是這樣說的」，那是成為明治維新模型的散文。我想那時的薩道義還沒有超過二十五歲。不知父親還是母親是芬蘭人，所稱的薩道義（Satow）這個姓不是盎格魯撒克遜的姓吧。

基恩 很少見。

司馬 好像出生地是在倫敦，薩道義是到了明治時代，在成為駐日公使（明治二十八年）以後，才得了爵士的稱號。所以，可以說他在遠東所有的功績是被英國首肯的，日本人更應該承認他。

フェノロサ、チェンバレン、サンソム
費諾羅薩、張伯倫、桑塞姆

司馬　薩道義晚年回到了英國，好像不願再提起在日本的所為。並不緬懷過去，所閱讀的書也僅僅限於非常古典式的正統派的歐洲的東西。這是我們通過萩原延壽先生在英國的研究成果才了解到的。我把我聽到的萩原延壽的解釋作一些說明，我認為有一些不一樣……。

要問那是什麼原因的話，也就是說，薩道義是有一個很大的設想計劃才來操縱日本這台機器的。他自己認為明治維新是自己一手創作的作品。而事實上他也確確實實是作為一個能與西鄉隆盛匹敵的鬥士而存在著的，但是明治維新的政府高官們覺得薩道義已經沒有必要了，對此他實在氣憤。為什麼對他在各個

方面所作的努力連一點謝意也沒有表示？對此，我覺得他的心情很能理解。這是可能的。說實在的，薩道義對日本的期待是很強烈的。我認為明治維新政府的高官們不太了解薩道義所作出的貢獻的人很多，這是很悲傷的事情。此外，在成為中國公使的時候，曾經有計劃把同樣的事業再幹一番的決心，想把在日本成功的事情在義和團之亂之後的中國再來幹一次。然而，這次的對手是一個大國，麻煩甚多，而且作為北京公使的工作好像也沒有想像的那樣順手。

另外，還有一個，在薩道義的身上有一種一般的天才所具有的病理學上的性質特徵，這不過是我的一個隨意猜想。他具有分裂症的性格，一旦熱衷於某件事情以後就會為此廢寢忘食，非常非常深地陷入其中，過後就全部忘在了腦後的那種類型的人，那種現象也許也是有的。

基恩　不過，我認為這種傾向在來日的所有外國人中都可以看到。好像不僅是薩道義一個人的問題。比如說費諾羅薩（Ernest Francisco Fenollosa，明治十一年，一八七八年來日）是這樣，張伯倫（Basil Hall Chamberlain，明治六年，一八七三年來日）也是如此。我覺得理由大多都是一樣的吧。都在日本完成了了不起的工作而受到了日本人的尊敬。然而，在日本收了弟子，弟子們漸漸地自己也能獨立工作以後，這個人也就成為多餘的了。

費諾羅薩的例子就很明顯地看到這樣的一個結果。他剛來日本的時候，是日本連國寶都會被販賣的時代。比如有一個現在住在京都，我很親密的友人的祖父，明治五年作為傳教士來到京都的時候，聽說知恩院的和尚問他「有一口很大的鐘您要嗎？我想賣掉」。這是一口此後成為國寶，享有盛名的知恩院的鐘。友人的祖父回答說「東西是不錯的，但是放在我家的話，顯得太大了」，被回絕了……（笑）。那個時代誰都不承認日本古老優秀的東西有價值，那是一個什麼都是嶄新的西洋東西才讓人喜歡的時代。費諾羅薩盡了一切的可能講述被我們自己視為無價之寶的古代美術品的價值，所以，也收了弟子，不管怎麼說最優秀的弟子當數岡倉天心（一八六三～一九一三，美術評論家、思想家）。費諾羅薩不知因為什麼事情回了一次美國，後來又第

費諾羅薩・明治時期（19 世紀）

二次來了日本，這時就誰也不再僱用他了。因為日本人裡已經有了能做同樣事情的人了，也就沒有必要再出高工資僱用一個外國人了。

張伯倫呢，他是東京大學第一位日本語言學的教授。之後不久，同樣的學問，日本人反而要比這個前外交官的張伯倫要教得更為出色。於是他也隱隱約約地感覺到了一種幻滅感，晚年的時候，拚命攻讀法國文學，他最後的作品寫的是法國文學的優美詩章，以及對此的研究一類的東西。他住在日內瓦，不再提起有關日本的事情。這真是讓人有點不敢相信，但確實曾經發生過。不僅有像費諾羅薩和張伯倫之類的特殊例子，即使年輕時大獲成功，以後在日本也成了名的人，在日本往後的生活也很艱難。再怎麼孜孜不倦地學習，但是也不會有更像樣的存在了。薩道義的情景我想不也是這麼一回事嗎？當然作為外交官的工作是繼續下去的，年輕時像彗星一般的光輝便沒有梅開二度的機會了。

還有一個被稱作是謎，但也確實像謎一樣的事情。因為翻譯《源氏物語》而享有盛譽的亞瑟・偉利（Arthur Waley，英籍東方學學者及漢學家‡）是一位日本通的偉大學者，一直到數年前孤獨而死為止，似乎一生中都沒有想過要來日本。據傳的說法有很多種，不過有人直接向偉利問過此事，得到的回答是「我對現在的日本沒有什麼興趣，與其看現在的日本，還不如讀讀日本的古書為好」。或許，他真是這樣想的，或許他怕有如張伯倫、如薩道義、如費諾羅薩那樣的幻想破滅的遭遇再現吧。

也就是說再怎麼為了日本而工作，再怎麼在日本培養弟子，最終還是無法成為日本人。在這一點上美國就不一樣。比如說，英國人，當然德國人也可以，法國人也可以，年輕的時候去了美國，為了美國而作出了奉獻，最終會變成美國人的例子特別地多，在日本這樣的情況幾乎是沒有的。最好的一個例子是赫恩吧。

張伯倫．明治時期（19 世紀）

正當赫恩成了日本的國民，改名為小泉八雲的同時，工資也被割掉了一半。因為作為外國人的特別待遇被取消了，他一定會目瞪口呆的吧。我的想法是，這特別在明治時代是常常有的現象。那個時代，日本人對外國的政治呀、外交方法，還有如何處理外國的美術作品之類還處於無知狀態，所以即使從年輕的外國人那裡得到了傳授，要說費諾羅薩這個人作為哲學者並沒有受到尊敬，作為藝術學者也完全是一個無名之徒，但是來到日本以後，是第一個向日本人介紹了黑格爾的人，而且，作為自己的個人興趣，向許許多多的人解說了日本美術的價值。這是一個非常傑出的成就。但是，如果是現在的話，像這樣的事情是比較難以想像的。頭腦再怎麼聰明的外國人來日以後，也無法對日本人進行完完全全的傳授。

司馬　不過，對張伯倫教授，我們僅僅知道的是政治家的張伯倫（Arthur Neville Chamberlain，一八六九～一九四〇年），卻把創造了日本的國語學的張伯倫（Basil Hall Chamberlain，一八五〇～一九三五年）徹底給忘記了。儘管如此，東京大學語言學的傳統、日本語的語源在北方的這一論點至今也沒有瓦解。這些都是張伯倫的學說，所以，張伯倫的學術傳統雖說沒有崩潰，張伯倫這個人的恩情卻被忘得一乾二淨了。

基恩　當時，英國的外交官從首任的阿禮國（Rutherford Alcock）開始真是菁英輩出，也著實產生了很多對日本的研究。同一時期，正如剛才您所說的在法國出了羅什這樣一個了不起的人物，而在湯森・哈里斯以後的美國大使、公使的名字誰都不清楚。更何況美國大使館附隨的各種工作人員的名字就不用再提，完全不知道。荷蘭也是如此，德國也同樣，唯一知道的是英國，優秀人才真可謂群星燦爛。

我在哥倫比亞大學的恩師桑塞姆先生（George Sansom，英國外交官、日本歷史學者‡）對張伯倫非常尊敬。年輕的時候作為外交官來到了日本（一九〇六年，明治三十九年）時，與張伯倫不期而遇。桑塞姆先生來領事館赴任以後，初次去公務的地方聽說是北海道。在北海道他首先就翻譯了《徒然草》這本書，那時是一個幾乎很難找到一本像樣字典的時代，聽說吃盡了苦頭。一段時間之後，又翻譯了《船辨慶》等表現能劇的書。然而，桑塞姆先生本來不是一個文學家，而是一個歷史學家，出版了《日本文化史》、《歷史性的日本文法》等許多優秀的著作。我不知在什麼時候，曾經就此問題老實地請教過桑塞姆先生：為什麼在外交官生涯的同時，還能著書立說呢？他回憶起那個令人難忘的時代，回答道「那時候幾乎沒有工作。基本上，英國來的船隻大約每個月入港一次，忙個三天左右以後，就又空閒下來了」。消閒的方法有各種各樣，首先桑塞姆先生喜歡到處逛，聽說走遍了日本各地。有一次我問他「在日本的所有回憶中，什麼是最有趣的呢？」他說，是在關西山區的某個地方，走著走著，不意碰見了盜賊。當時那樣的人還是有的。他與這些人變成了好朋友，之後，每年一定會收到盜賊寄來的新年賀卡。

司馬　碰上美好時代的盜賊了啊！（笑）

続・日本人のモラル

第七章 續・日本人的倫理

《江戸開城談判》結城素明繪（西元 1935 年）
勝海舟與西鄉隆盛議和就江戸和平開城進行談判

風流ということ
所謂風雅

司馬　我們已經就多種話題進行了交談，回顧一下所談的內容，留下最深印象或說很風趣的是基恩先生對足利義政的評價。基恩先生的觀點是：義政是一個草包式的政治家。仔細想來這確實說得很中肯。然而，我們承認他有將軍之才，其實並沒有怎麼期待他也是一位政治家。不管是在當時還是後世的我們都沒有過如此的期待。作為政治家他是劣等生，而作為將軍他也只作了分內之事，所以，對他在政治性的倫理上並不會斤斤計較。因此，基恩先生認為把義政作為政治家真是豈有此理的理論實在是別開生面的。這也漸漸生發了我從別的角度來思考這個問題。我想表達的是，究竟那樣的政治家的形象來自於何處？若要回答的話，首先應該說那就是「風雅」吧。唯有風雅才是人生的價值，除此之外，為了他人而謀政治、並且為了這個目的而貢獻畢生之類，似乎並不能表現出人生的價值。這之前的鎌倉時代的北條氏三代人雖然代代都是胸無點墨，但是，一心一意為了政治，正好像謠曲（日本能樂的腳本†）《鉢之木》所表現出來的那種感覺的政治。而到了如足利義政那樣非常有教養的人那裡，就變成了風雅。從風雅中找出價值來，世人大致也不會去罵他什麼了。

基恩　我在前面也已經提到過，我似乎覺得足利義滿（一三五八～一四〇八，室町幕府的第三代將軍。結束了南北朝的對立，與明朝通商貿易。保護能樂，建造金閣寺，出現了北山文化†）的時代有一點不同。

司馬　義滿還有一點想做事情的樣子。

基恩　統一了國家，用自己的力量完成了種種的事業。當然，從風雅一面來說，幾乎是不亞於足利義政（一四三六～一四九〇，室町幕府第八代將軍。第三代將軍足利義滿的孫子，建造了銀閣寺，並由他興起了東山文化†）的，特別是在能樂上，是一個精通於此的行家，甚至還被世阿彌（一三六三？～一四四三？，室町時代初期的猿樂演員、劇作家。有《風姿花傳》、《花境》等作品流傳於世†）讚揚說：我認為像那樣能鑑賞能樂的人是稀有的。作為政治家頭腦清晰，與中國在文書往來上，也表現積極。

司馬　基恩先生在這方面的感覺，說是意外，其實是非常有見地。也就是說，幕府末期的時候，坂本龍馬（一八三五～一八六七，幕府末期的志士、土佐藩士、「大政奉還」的促成者。遭暗殺†）曾經問過勝海舟（一八二三～一八九九，幕府末期、明治時代的政治家†）：「美國究竟是一個什麼樣的國家？」這時候勝海舟一時未能言以盡意，如果只能用一句話來說清楚是怎麼一回事的話，那就是：「美國總統連女傭的工資都掛在心上」勝海舟如此答道。不料，坂本驚得跳了起來，因為日本的將軍從來沒有留心過這樣的瑣事。於是，他就意識到，不打倒德川家的將軍不行。坂本這個人對大致的美國社會體制是極其充滿憧憬的。因此，我們總不知不覺地認為足利將軍家的義政是產生了東山文化的偉人，而基恩先生卻認為，如果把他比作一個總統的話，「那是不夠格的總統」的見解是很有意思的。有關那風雅，我再想說上幾句……。

那還得從很久遠的時代談起，那是百濟（古代朝鮮半島西南部的國家。與高句麗、新羅一起被稱為三國。後被新羅和唐朝的聯軍消滅†）滅亡時候（六六〇年）的故事。在日本正是飛鳥文化盛開時期。百濟滅亡的最後一個國王，最初對政治兢兢業業，因為他的兢兢業業才德高望重。但是，中年以後卻日夜過著放蕩不羈的生活。為什麼一個人的一生會發生如此不同的變化呢？仔細地分析就可以看出，新羅與唐朝結盟以後我們暫且不說，所謂的百濟文化就是以長江以南的六朝文化，也許就是這六朝文化給百濟的國王帶來了極深影響的吧。

那麼，究竟是怎樣的影響呢？正如您所知道的那樣，六朝文化是漢族被驅趕出華北平原，轉移到長江以南地區，中國歷史上首次出現像貴族一樣身分的時代。而那些貴族們不務政治，對他們來說政治庸俗至極，軍事也迂腐至極，風雅韻事才是最有價值的。所以大家熱衷於遊手好閒，無所事事。還有儒教這樣一種民族救濟思想，其實也是迂腐的一種，與其如此，還不如老子呀、莊子呀，或者佛教顯得更為有意思呢。當然並非老子、莊子和佛教是頹廢性的東西，而是到了六朝時代，走向了極端的頹廢。這一文化原封不動地傳入到了百濟，那痕跡還留存著。

因此，我的看法是百濟的國王晚年的時候也開始享受著六朝風雅的生活了。而足利義政處在完全不同的時代，他的爺爺義滿與江南地區做了大量貿易，所以，唯有存在於長江以南的風雅的風尚。風雅這一詞語有著獨特的價值而扎下了根的地方是在長江以南。我總覺得義政是受過這一影響的，這樣的想法不無一點越出常規的可能，總想著法子為義政做些辯護什麼的……。

基恩 義政公聽了司馬先生的話，在地獄裡，我想他一定是下地獄的，一定欣喜不已（笑）。然而，即使是這樣，這之前我在銀閣寺聽到的故事，大家都誇讚他是第一個發明了製作四張半草蓆（即茶道、茶室）的人，所以，義政是一個了不起的人。從這點上來看，日本人實在是鍾情於美學的國民。

司馬 也就是說，比起政治上的正義，更喜歡美學上的英雄的這一面還是有的。與其說因為託了此人的福而被救了，還不如說此人極其有教養，建造了一座像模像樣的茶室，反而在有些方面就被看成有風度了。

基恩 反過來也可以說，北條歷代的執政者們兢兢業業地從政，為了日本這一個國家而鞠躬盡瘁，卻一點也名不見經傳。

司馬 確實如此。那煞風景的野蠻模樣在後世的我們中間，絲毫也不見受歡迎，反而對義政這樣的紈絝子弟戀戀不捨。究竟是什麼原因呢？我也想請教基恩先生對此的分析。

基恩　日本人其實至今也是如此，對藝術家顯得非常地寬大。即使在日常生活上出了一點毛病，只要那藝術本身是獨一無二的話，還是會容忍的。像這樣的方面不是也有嗎？這方面覺得和中國有點不一樣。如果是中國人的話，問道為什麼杜甫是一個優秀詩人，回答肯定都是憂國憂民啊，野蠻人進入中原而憂患無窮之類，日本人肯定不會這樣說。如果問日本人：為什麼覺得藤原定家（一一六二～一二四一，和歌詩人，《小倉百人一首》的編者。享有「美之使者」、「美之鬼」、「歌聖」等美譽†）很了不起？你聽到的回答是，他的和歌非常優美，具有言外餘韻等等。藤原定家看到當時的戰爭就說這是和自己完全無關的事情，「紅旗征戍均非吾事」（見《明月記》）。從中國人的思考方式來設想，這是無法容忍的態度。再怎麼說自己是貴族，說自己是風流爾雅中人，而自己的家園、祖國的生死存亡也是和自己有著深遠關係的吧。如果是中國人的話，一定會這麼認為的。而日本人呢，只要在藝術上有成就，即使是那樣不負責任的態度也是可以容忍的。

司馬　就這一點上與中國有著很大的不同。要尋找這根源是從何而來的，當然可以說是應該打上日本這一烙印的。要說有點類似的原型，我的看法就是六朝時代了。而那六朝所在之地本身，到了近代，就是誕生了大量中國革命家的搖籃地。但是在相當長的一段時間裡，在江南地方，儒教這個東西不是有了很大的不同嗎？華北地方的儒教是正適合於政治需要的儒教，到了江南，成了武士身分的人賞玩的儒教了。針對如此可以說是走樣了的儒教，貝塚茂樹先生（一九〇四～一九八七，中國史學家，對古代中國甲骨文字和金石文字的研究碩果甚豐，諾貝爾物理學獲獎者湯川秀樹之兄†）曾經在什麼地方有過這樣一段分析：「中國的官吏去官府時，是一個道貌岸然的儒者，回到家裡就是一個老莊了。同一個人格裡具有著雙重的性格」，這也許就是從六朝開始的。六朝的時候把這些風流韻事看作是最高的價值，這一習慣不知不覺地也傳到日本來了……。

基恩　我的觀點是，如果要說到中國的話，是否還得提一提宋這個朝代呢。特別是南宋就是一個例子吧。日本在很長一段時間裡，把文人畫稱作南畫。我覺得，南宋的文化對日本的影響最大。這期間的詩歌，和日本人的趣味最為相符。是那種充滿感情而不太壯觀的主題，寧可說，因為隨著年齡的增長而不斷產生的悲傷情懷呀、自己的生命有如風中殘燭一般正在消失呀，這對日本人來說是非常淺顯易懂，感受深切的表現吧。與其說杜甫那樣偉大的詩人，還不如說像李長吉（李賀，七九一～八一七，唐朝詩人）等之類平易近人的詩人更讓日本人接受吧。總之，宋朝的美學給予了日本極深的影響。

司馬 確實如此。

基恩 我的觀點是和歌正也如此。特別是京極派（鎌倉中期到室町初期的和歌流派之一†）和冷泉派（從鎌倉時代至今的和歌的流派之一，二條派的分支†）的和歌，具有壓倒性的影響。要說藤原定家不也是這樣的嗎？繪畫也好，陶器也罷，都是如此。日本人眼裡的唐朝，現在是比較流行唐三彩的，但是在以前相當長的時間裡，宋朝的瓷器、青瓷都被認為是最高級的東西。當然，這也不是說中國人討厭宋朝，只不過他們自己明言還是唐朝好。誰也不提宋朝。

司馬 宋的時代，特別是南宋時代是和日本人的好惡相符的。那時候，從日本有倭寇出行，出行的那些傢伙們究竟想要什麼呢？想要的都是書畫。中國人對此也是極其清楚的，看見倭寇來了，就把手裡的這些賣出去。其實賣出來的都是假貨（笑）。這中國的江南、南方文化的假貨，我們在不知不覺中或許也深受了其中的影響。

基恩　即使是真的東西，在中國根本不被人知道的牧谿（南宋末期的畫僧）的畫等，在日本也是久享盛譽的。大致地來說，西洋都是透過日本才了解到中國美術的，所以，西洋也形成了一套和日本一樣的中國美術觀，現在當然不一樣了……。保存在日本的中國美術品，在很長的一段時間裡，西洋也覺得那是最優秀的作品。這是託了費諾羅薩的福。他曾出版了兩冊很大本的《中國和日本的美術》（Epochs of Chinese and Japanese Art），其實他的欣賞趣味完全就是日本人的欣賞趣味。

司馬　確實如此，真是很有意思。對唐朝也如此，日本人所喜歡的人物是導致了唐朝衰退的玄宗皇帝。與楊貴妃愛得山崩地裂，卻把政治甩在了一邊棄置不顧，最終被安祿山趕了出來。玄宗皇帝其實也是一個足利義政。而日本人覺得這是一個偉大的政治家，把國家託付給這個人來管理就可以高枕無憂，用這樣的觀念來考慮政治，大概還是幕府末期到明治時代的時候，或在那以後才開始的吧。而在那以前，政績出色並不一定能得到相應的好評價。

英雄のいない国
世無英雄之地

基恩　如果向現在的日本人提出：誰是日本歷史上最偉大的人物這一疑問，不知會有什麼樣的回答？

司馬　這是一個非常有趣的問題。一般的回答不知道會是誰。賴朝（源賴朝，一一四七～一一九九，鎌倉幕府的第一代將軍。平治之亂以後，被流放到伊豆，因為得到以仁王討伐平氏的詔令而舉兵。以鎌倉為根據地在關東大力擴展勢力，讓其弟源義經西上征討義仲，又在之後的一之谷和壇之浦戰役中全殲平氏，建立了武家政權的基礎。後被任命為征伐大將軍†）這個人作為政治家來說是偉大的，但是毫無人望。義經（源義經，一一五九～一一八九，平安末期和鎌倉初期的武將，源賴朝之弟。後與其兄反目，遭追討而自殺，有悲劇英雄之名†）這個人雖說是一個窩囊廢，卻博得了眾口好評。如果說到明治維新的話，大久保利通（一八三〇～一八七八，政治家，薩摩藩出身。既是討幕的中心人物，也是推進薩摩和長州聯合的熱心者。反對西鄉隆盛的征韓政策，歷任參議、大藏卿、內務卿，明治政府的指導者，後遭不平之士暗殺†）是一個非常了不起的政治家，雖說很有本事，就是敵不過愛撒嬌的西鄉隆盛（一八二八～一八七七，政治家，明治維新的三駕馬車之一。經歷過討幕、戊辰戰爭。因西南戰爭失敗而自殺†）那樣令人難以忘懷。

基恩　讀日本的歷史，稍微讓人感到有些魅力的政治家，怎麼說呢，都是一些像平清盛（一一一八～一一八一，平安末期的武將。在保元、平治之亂中鎮壓了源氏的勢力而一舉成為太政官的最高官，振興了對宋朝的貿易，並樹立了六波羅政權†）、豐臣秀吉（一五三六～一五九八，安土桃山時代的武將，平定了四國、九州、關東和奧州，統一了天下的功臣。同時也興盛茶道，讓桃山文化盛開之人†）這些既無責任感，而且行事草率的人物。作為政治家算得上出色還是不出色實在是一個很大的疑問。但是，如果了解日本歷史的話，就不會把平清盛的事情忘記。而重盛（平重盛，一一三八～一一七九，平安末期的武將，平清盛的長子，因平定保安和平治之亂有功，而榮升左近衛大將和內大臣†）也許是一個更加不能錯過的人。

司馬　所謂的政治其實是一個非常男性化的東西。作為我們日本人來說，並沒有把政治當作男性化的東西來掌握的感覺，相反地覺得是女性化的。比如說西鄉隆盛這個人，時常會寫一些好詩，發表一些引人深思的警句這一點來看，某些方面要比大久保利通更有聲望。

基恩 這樣說來，日本是一個非常不可思議的國家，是一個輩無英雄的國家。世界上即使其他不顯眼的國家也必定有一、兩個的英雄存在。然而，如果問，日本的英雄是誰，你最尊敬的人物是誰，問十個人，就有十個不同的回答，所持理由也各有不同，我覺得很不可思議。雖然說，這是一個有著如此悠久歷史，而且對世界的歷史有著貢獻的這樣一個國家……。就我所知，日本人有一種分類法，那就是值得尊敬的政治家和喜歡的政治家。

司馬 說得很對。豐臣秀吉這個人是一個非常難搞的人，不過，大家都喜歡。德川家康（一五四二～一六一六，江戶幕府的第一代將軍，構築了幕府政權的基礎）最終是完成了江戶體制的人，對此，千古功罪，自有評說。而作為政治家來說，他確實完成了一件了不起的大事。但是，不為人看重。如果這麼說別人一句：這傢伙像家康型的人，會引起爭執的；如果說，你倒如太閤（即豐臣秀吉）一樣，被說的人一定會笑嘻嘻的。總之，在這個問題上顯得很奇怪。

基恩　即使是德川時代，如果把五代將軍綱吉與八代將軍吉宗比較，吉宗通過享保改革使日本的經濟得到了恢復，他禁止奢侈生活，採取了種種積極性的政策，卻如無名小卒不為人知。而綱吉呢，雖然幹盡了各種不道德的事情，但因為有元祿時代將軍這一聯想，所以形象還非常不錯……。

司馬　我也並不覺得犬公方（五代將軍綱吉）怎麼樣，但是總讓人覺得有一種輝煌顯赫的氣氛。不過，是這麼一回事，日本人裡首先沒有出現過像太平天國之亂中的洪秀全（一八一三～一八六四）這樣的人物。那樣一個為了人民挺身而出的人物，肯定是沒有的，是因為作為社會性的基礎來說不存在如此的狀況吧。

基恩　這樣的人幾乎是不見經傳的。可是，島原之亂時的天草四郎（一六二一～一六三八，江戶初期的基督教信徒，島原之亂的首領，最終以失敗而亡，年方十六）這樣的人，最終是不是真實存在過呢？

司馬　那是當時靠人為塑造出來的人物吧。並非是一個有能力的人，反而在那樣的場合中沒有能力更好，還是一名美少年。任誰都覺得很高雅，而且聰明伶俐，我想一定是有這樣一個感覺的少年。把這樣的少年哄抬為大將，並在周圍設立了參謀，讓參謀來運作。如果沒有這樣一個天草四郎被抬上轎來，是無法讓眾人聚集起來的吧。

基恩　大概是這樣吧。不過這樣的話，也是不能算作英雄的吧。

再び日本の儒教について
再論日本的儒教

司馬　這裡我們再一次重提以前曾經談過的日本人的倫理的根底是什麼，原型是什麼的話題，特別是有關儒教，還想繼續來交談一次。基恩先生是江戶文學的研究大家，再怎麼樣都會通過江戶文學來加以思考的。從這樣的角度看，確實感覺到儒教在日本也是走進了百姓世界的。可是，有關儒教的定義上我怕自己也許稍微帶上了一點獨斷，我的觀點是儒教這個東西不是書籍，而是一個社會體制。作為社會體制上的儒教一次也沒有實現過，而在倫理綱領上的儒教是有過的，因為作為生活習慣或體制上不存在的緣故，儒教只給日本帶來了極其微弱的影響，這就是我的觀點。

比如說，儒教中最為重要的東西，我想，除了社會體制以外，還有一個行動上的要求。說到行動，是相對要求革命呀之類比較宏大的事業來說的。孟子這個人評判王侯們所要做的事情時就曾說過「你們這些人嘴上只掛著利益這兩字，請住嘴」。他在遊說中一直強調這些觀點。可是，日本人其實很恐懼《孟子》一書，仍流傳著那樣一個傳說：從中國來的貨船，只要運有這本書，就一定會在海上失事。我想這大概是平安時代才開始流傳的傳說。要讀《孟子》的話，社會體制就不得不遵循儒教的那一套了。把這個說得再具體一點就是：不革命就不行。把這樣的思想帶進來，是會造成社會混亂的。即使是在江戶時代，《孟子》也幾乎沒有什麼人閱讀，如果有人讀，也是作為次要的、再次要的教科書在讀。而拚命提出要讀《孟子》的，只有幕府末期的吉田松陰（一八三〇～一八五九，幕府的思想家、尊王論者。培養出一大批諸如高杉晉作、伊藤博文等明治維新的功臣†）一人。他一個勁地推薦《孟子》，說孟子是個了不起的人，講課也只講《孟子》，我想在整個江戶時代也只有吉田松陰吧。從這點上，我們也可看出，儒教這個學問，究竟在日本是處在一個什麼樣的地位，不得不讓我們深思。從各方面來看，似乎沒有對我們產生影響。

基恩　確切地說，我只是通過文學才了解到德川文化的，從觀賞近松（門左衛門）的戲劇來看，在思考方式上，我認為大致是儒教式的，是在一定的程度上。

司馬　啊，是嗎？如果說是在一定程度的話，我也有同感。

基恩　要是超越了這一點，什麼道德觀也沒有了，就失常了。比如說，我們來看一看《壽之門松》這齣戲，主人公與次兵衛面臨著一個非常為難的抉擇，一邊愛著妻子菊，一邊又愛著遊女吾妻，不知道究竟該怎麼辦為好。兩個都是忠誠老實的女性，最後主人公就完全精神錯亂了。當時的觀眾看了那樣的場面一定是很同情的吧。為什麼要同情呢，我認為是因為同情他純粹的想法，純粹是按照自己原本的感情去行動的原因。完全沒有考慮到什麼利害得失，也沒有什麼儒教的思考，唯有用自己純潔的情感在行動。讓我來回答的話我就覺得，這是非常具有日本特色的。但是，規範著一直到發狂為止的內心動態的那些東西完全是儒教式的。

司馬　我也贊成您所說的這一點。也就是說，我們在思考問題的時候，並且作為使之進一步發展，使之理論化時的方法，是使用了從儒教學來的方法。但是，儒教裡有一個很大的結論，這是一個不可忽視的地方。比如說，仁義禮智信那些東西是讓人一籌莫展的重大事情。不過，日本人對這個一籌莫展的問題，並沒有作為最後的問題，只是把它當作了最初的問題。

基恩　沒有把它作為最後的決定性問題，我也完全有同感。這是一個走得很遠也是最需要考慮的事情，於是，便產生煩惱。這也就是說，子女一定都有想孝順自己父母的心情。但是，有一天，開始與別人戀愛了，即使這是屬於不合仁義的戀愛，然而，戀愛中的本人對對方非常非常地喜歡。假如為了此事，即使自己的父母不得不去坐牢，也想和自己所愛的人結合，我想。假如自己的父母親送進了監獄，也想和自己喜歡的人一起逃跑的行為，當然這是有著相當程度的灼熱情感的，而在成為這行為之前的日常生活方面，我卻認為是儒教式的。

司馬　江戶時代的人常常喜歡用「緊要關頭」這個詞語。快要到緊要關頭的時候，就會發生變化的這一特點上日本人是有的，而中國人卻不會變。我的觀點是不變才是真正的儒教，而且，剛才有關「孝」的問題，中國人的所謂「孝」究竟是一個什麼東西呢？我是漸漸才開始明白的。以一個村為單位的血緣關係，或者以一個家族為血緣關係的中國人，重視長幼之間的秩序，重視即使緣份相當遠的年長者也包括在內的孝。這最終是對自己的橫向組織的重視，是不讓這一組織走向崩潰的手段。政府是不足信賴的，所以，橫向的組織不是天網恢恢就不行的事實，是三千年、五千年的智慧的積累。反過來看日本，最近自己的老母親顯得有點疲勞，那就帶她去看一場戲吧，我們的孝就是這一點程度。能聽說中國人的孝不止這樣一點程度，是更深地進入了社會的核心部的東西。能讓人覺得，也許正是由這一點才構築了中國的社會。這是深入到身心的東西。

這一點並沒有傳到日本來。

基恩　西鶴（井原西鶴，一六四二～一六九三，江戶時代的著名小說家，確立了日本最早的現實主義的市民文學。對現代作家影響極深。小說有《好色一代男》等†）所著的《本朝二十不孝》是一本非常不可思議的書，其中舉了種種不孝的例子。從中可以感覺到，當時的日本人從某種意義上來說，對從中國傳來的孝行觀念的排斥。也就是說，感覺到了勉強。但是另外一個方面，一般地來說，日本人是否也覺得儒教式的生活是一種理想的生活呢。特別是德川幕府時代一直是向人們推崇這樣一種生活模式的，在家要尊重父親，更要尊敬主人，尊敬諸侯，而最要尊重的是矗立在這一座金字塔上的將軍。

司馬　對維持德川體制，這也許是最好的手段吧。

基恩　剛才您說日本的孝順和中國的不同，但是從我看來，不少地方有很多相似之處。特別是和歐洲的各個國家做比較來思考的話更是如此。在同樣的日本，室町時代的道德觀，與江戶時代是完全不同的。閱讀室町時代的歷史，對待父母，事實上別說是無禮，連殺死的也有……。

（上頁）《本朝二十不孝》井原西鶴繪・江戶時代（17-19 世紀）

司馬　鎌倉時代就更厲害了。同族相食的形象從京都朝臣的眼光來看，真像野蠻人一樣的感覺。這樣下去如果不引進孝的觀念就不知會有什麼下場。最初只有在京都的朝臣開始提倡，而隨著基恩先生所敘述的那種意思的儒教化深入下去以後，才開始比較孝順起父母來了。所以，京都的朝臣在看到鎌倉的那些人的行為以後，才覺得那些傢伙真野蠻。

庶民と宗教
平民和宗教

司馬　要問構成日本人的倫理基礎是什麼這一話題，我的觀點是既不是儒教也不是佛教。我在前面已經反覆提到過，佛教也僅僅在日本人的心頭掠過了一下。所謂的佛教就是佛教生活，佛教裡常常提到的戒律。戒律不僅在真言宗也在天台宗裡存在著，連淨土宗裡都有淨土戒律的說法。所以，戒律的觀念代代相傳，同時那生活禮節也相傳開來。不過，戒律僅是印度人僧侶的一種生活方式。而建立起印度人僧侶的生活方式的，是存在在印度人的社會裡的。要是僅僅把方式突然拿到了日本來是行不通的。要把佛教帶進來，唯有把整個的印度社會的原樣照搬進來，或者是日本人移住印度大陸。僅僅零零碎碎地拿來，不吃鰻魚，只聞到烤鰻魚的香味那樣的感覺就是日本人的佛教。比如說《方丈記》裡的鴨長明是佛教還是什麼……。

基恩　最後的結尾之處就搞不清楚了。

司馬　那其實是日本式的詠嘆的世界。如果是在誕生了釋迦牟尼的印度那嚴酷的自然環境裡，是不會產生像那樣婀娜纖弱的東西的。

基恩　那是對的。但是，在漫長的歷史中，日本人做得最巧妙的一件事情是從外國文化中選擇到最適合於日本人所用的東西。比如說從德川時代的日本人的生活來看，出生的時候，首先要把出生了的事情向神道的各個神祇報告；而平時的生活卻是儒教式的；死的時候按佛教的一套進行佛事。可是這三個宗教，嚴密地來說，儒教不是宗教，總之，這三種在原理上完全是風馬牛不相及，各自都互相矛盾的東西。根據神道的規矩來說，人活著的世界是最好的地方。死之後，所有的人都要下到那污穢，到處都骯髒不堪的黃泉裡去；而佛教呢，認為這世界是紅塵，盡是污穢的地方，死了之後才能走向清純的淨土；儒教的理論是，除了這個世界以外沒有別的什麼世界（笑）。這三種都是完全矛盾的東西，而日本人居然對這三個宗教能同時相信，真是難以言喻。

司馬　我先從結論上來說：我的觀點是日本人相信的是神道。不過，不是指江戶時期的平田神道（又稱作復古神道。是江戶後期平田篤胤所主張的排除儒教佛教，要尊王復古的神道說。給幕府末期的思想帶來了很大影響†）也不是明治時期的國家神道的那種神道。是更早期的，是形式非常古老的神道，是在還沒有神道這個用語的時候就開始的神道，是不是至今還生存在我們的內心深處呢。有人試著想把神道思想化，或者各種各樣的體系化。比如說，平田篤胤（一七七六～一八四三）呀，還有明治以後的國家神道呀，那些其實都是神道的邪門之道。本來的神道簡單地說就是，如果是和室客廳就應該把和室客廳弄得潔淨清爽，僅此而已，既無教義也沒有其他。還有如果是神祇，神祇就在那裡的話，就應該在那個神祇所在的地方鋪上沙子使之潔淨。這所謂的潔淨是為了衛生上的理由還是別的理由我不清楚。神道上僅要求潔淨，在這之上，再加上佛教呀儒教什麼的也無所謂。前面（參見第五章結尾處†）我借用碟子來做比喻，其實也是想說清此事。在一個神道的空間裡，存在著日本人，這之上傳來了佛教，以後又傳來了儒教，於是，在具有神道的空間裡才不會有動搖的感覺了吧。

基恩　但是近松的殉情作品特別地打動人心。如果說其實只有神道思想的話，殉情之事是不會發生的，而且，我想也不會引起無數人的同情。殉情之意，因為在這個世間難成鴛鴦的人們，相信死後在西方的淨土的同一蓮花上共生，這種佛教式的思想，任何神道的書上都沒有出現過。

司馬　這當然不會出現。

基恩　而且，我覺得這個在淨土上相戀相愛的思考方式，在當時的日本人中是非常重要的一環。

原型的な神道
原型式的神道

司馬　死後的世界是污穢的黃泉之土這一神道的意識，相對來說，連這也是附加上去的神道，原初的神道連這一點也沒有考慮過。一句話，「白痴式的空白」指的就是神道。這之後的《古事記》、《日本書紀》裡都有關於前往「黃泉國」的人覺得所去的地方污穢不堪的記載，於是，把這編成了一個事實，就變成了「黃泉國」就是骯髒之地的代名詞。簡單的神道就告訴人們，只要把那被弄髒的地方打掃清楚就可以了。這時候佛教傳入了進來。江戶時代，佛教也非常深入地浸透到了平民之中，死後可以升往極樂世界，所以，你和我要優雅純潔地死，一起走上蓮台的這一想法也進入了神道裡去了吧。這也就是說，神道這一碟子上什麼都可以放上去。

基恩　不是，佛教家們說得正好相反。是那些東西進入了佛教之中，兩部神道（又稱兩部習合神道，是指以佛教真言宗的立場解釋神道‡）就是如此。眾多的神祇也是為了保護佛教的釋迦牟尼而存在的，是這樣被解釋出來的，日本人在相當長的一段時間裡沒有區分。在同一個院內，既有神社也有寺廟，甚至有時那裡的神主就是和尚。這是相互都非常方便的事情。

司馬　那神佛不分的情形，也被朝鮮人和中國人笑話過，至於究竟為什麼，我也實在不清楚。然而，我有時候也不覺會想，這不是最最自然的現象嗎？是深入到我們生活之中來的標誌。明治的時候不知是誰把神佛分了開來，一想到我就差不多要生氣。

不過，反過來又想，比如說，京都御所（在京都的舊皇居。自一三三一年到一八六九年遷往東京為止†）確實有和尚出出進進。這就可以證明，天皇家，自己家的菩提寺（日本的一種寺廟種類，為代代皈依、埋葬祖先遺骨、弔菩提之寺。例如日本皇室之泉涌寺和德川家之寬永寺、增上寺都是有名的菩提寺‡）是睿山、高野山和東寺吧，也就是說是天台宗和真言宗的大施主。而要是生病等的時候，就從那裡叫和尚來加持祈禱。御所的裡面是不讓進的。這是直到最近我才開始注意到的事情。作為一個浮屠（佛陀）之徒，是不乾不淨的東西，好像是不讓進去的。那麼對佛教信奉有加的歷代天皇，只有御所的內部是不允許和尚出入的。醫生也是，到了江戶時代的時候，醫生也是把頭髮剃光，樣子就如和尚一樣，而且，是不讓走進天皇住所的。所以，天皇一旦生病就為難起來，即使是這樣，也不讓放進去。這樣的意識來自於什麼方面，可以說是神道吧。

基恩　這當然是對的。芭蕉去伊勢神宮時，雖然說他不是僧侶，而僅僅因為頭是剃成了一個光頭的，也沒有讓他進去。這樣的事情當然也是有過的，這肯定也是一個事實。不過，一般地來說都是雜亂無章的。林羅山（一五八三～一六五七，德川幕府的儒官）就有關儒教問題第一次在將軍的面前講演時，也是剃了光頭的。他要演講的內容實際上是和佛教相反的事情，即使是這樣，不裝扮成和尚模樣也是不行的。

司馬　林羅山之所以剃成光頭的緣故是，只要打扮成和尚的樣子，即使等級不是在很高的位置上是方外中人（俗世之外的人，和尚、畫匠、醫生之類十）也能比較接近將軍的身邊，所以，我認為他才決定如此打扮的。和神道沒有關係。

基恩　說一件與這個不太一樣的事。昭和二十三年（一九四八年），出版了一本由被處以死刑的戰犯最後寫的書信的書簡集。要想寫最後一封書信的人，肯定都是一些特殊人物，這其中差不多的人寫的都是佛教的事情。沒有言及佛教之事的人反而很少。我想，沒有一個人寫的是有關神道之事的。

司馬　的確，這樣的事情也有。不過，也不都是如此。因為神道是一個碟子，把碟子一同吃下肚是不可能的。碟子裡的東西作為食物才能起到作用。

基恩　唯有臨近最危機的關頭，也只有這樣的時候，至今為止一直不太相信的釋迦呀、阿彌陀佛才開始相信起來。那時候，想到即將被處死刑時，是不會口出天照大神（神道）的名字的。

司馬　這主要是因為天照大神是無法依賴的，無法拯救死後的世界的原因吧……。在這裡，從好的意思，也從壞的意思上來說，是日本人的權宜之計在作怪的緣由，即，終於我到臨死關頭了，我也要成佛了。

江戸の文化

第八章　江戶的文化

《古今珍物集覽》一曜齋國輝繪．明治 5 年（西元 1872 年）
1872 年 3 月，文部科學省博物館局以湯島聖堂的大成殿為會場舉辦了一次展覽，此插圖展示了一些最受歡迎的展品

上方は武士文化、江戸は町人文化
上方是武士文化，江戸是商人文化

上方，是江戸時代稱呼大阪、京都為中心的畿內的名稱‡

司馬 說一句老實話，至今為止，在我們所談的話題中，對江戸瞭如指掌的基恩先生非常抱歉的是，我對江戸時代怎麼說也無法喜歡起來。我比較喜歡戰國時代。當然，並不是我喜歡戰爭，而是覺得戰國時代有真正純粹的日本人物。比如說江戸時代的建築，無用的裝飾太多，無法讓人感受到精神上有什麼意義。令人討厭的是，前面我也曾經提到過，只要看看日光的東照宮就可以明瞭，湯島的聖堂同樣也是如此。

基恩 是嗎？我的感覺是，除了特殊的知識分子以外，對一般的日本人來說，最容易親近的也許是江戸時代了吧。古裝電影中差不多都是表現幕府末期的作品，平安時代的作品有是有的，但是極少。如果要描寫明治時代的作品，因為時代相近，當時人們的服裝反而顯得很滑稽。而在這前一個時代的江戶末期，相貌堂堂的武士形象，但如果到了明治時代西服和和服混穿在一起，反而讓人覺得陳舊不堪，而且，鹿鳴館（明治時期在東京日比谷建造的官設社交場。由英國人設計，是歐化的象徵†）時代對一般的日本人來說也沒有親近感。相對於此，說到時代小說呀、電影的舞台之類，就既不是平安時代，也不是鎌倉時代，只有江戶時代了，而且，幕府末期的那段歷史也許更受人們的歡迎吧。

司馬　大概是因為有人情味的感覺吧。正如您所說的那樣，即使是在江戶時代的元祿年間，看赤穗浪士（江戶時代中期的元祿年間，赤穗藩家臣四十七人為主君報仇的事件。後成為著名的歌舞伎劇目《忠臣藏》的腳本†）的電影和電視，那時代的女性髮型，應該是元祿髮髻（髮髻小丑前額處至頭頂部的剃光部分很寬的髮型†），但是看著的人並不覺得容易親近，便還是採用了高島田髮髻（上流武士家的女性所流行的髮型，在正式典禮上使用，髮髻根很高†）。所謂的高島田是幕府末期的東西吧。如果式樣是高島田的話，看上去就如美女一般，感覺既有人情味又很美麗。所以，到了元祿時代，雖同樣是江戶時代，但就離人情味比較遠了。

基恩　幕府末期最有江戶的味道，不僅讓人有古老日本的感覺，女性看上去也顯得很美麗。對過去充滿憧憬的作家們，大致好像都用自身的目光掃描過幕府末期的那個時期。首先永井荷風（一八七九～一九五九，唯美派小說家，深受周作人推崇†）、谷崎潤一郎（一八八六～一九六五，唯美派小說家，作品有《刺青》、《春琴抄》之類，並有現代語譯本《源氏物語》†）就是。然而，那個時代在文化上並沒有什麼輝煌的業績，比如說幕府末期的建築實在沒有什麼可以注目的，文學也是如此。可是，即使是這樣，我們看河竹默阿彌（一八一六～一八九三）的歌舞伎，我認為，唯有在那裡，還殘存著昔日日本的風貌。《青砥稿花紅彩畫》（俗稱「白浪五人男」，有關盜賊故事的歌舞伎劇目‡）中的弁天小僧（歌舞伎狂言中的登場人物。白浪五人男中的一位，男扮女裝，是專做壞事的角色†）肯定就是往昔日本人的偶像。

司馬　人也是這樣。比如說，東京的商業、手工業者的居住區裡，在花匠之類的職業中，感覺到這就是老江戶的人已經極少能見到了。這是世界上任何地方都不會有的性格，從幕府末期開始就有相互關連的人情味。

基恩　仔細想來，說江戶時代，那兩百七十年並不是清一色的。首先一半是上方文化，還有一半是江戶文化。說到前半部的上方文化可以聯想到商業手工業者的文化，其實，我認為正好相反，上方文化是武士式的文化。江戶雖然曾經是武士的地方，卻是商業手工業者式的。

司馬　這是很有趣的見解。

基恩　就如剛才您所提到的，看到某個人，如果在這個人的身上還殘留著江戶時代的傳統氣息的話，我們總會說這是工匠或者商人一樣的人。而不會說是武士式的人吧。包括元祿時代的江戶時代，那前半時期大致是武士創造的文化，當然也有如井原西鶴（一六四二～一六九三，江戶前期的浮世草子作者、俳句詩人。代表作有《好色一代男》等†）那樣極其特別的例外。不過，近松（近松半二，一七二五～一七八三，江戶中期的淨琉璃作者。作品有《妹背山婦女庭訓》等†）呀、芭蕉（松尾芭蕉，一六四四～一六九四，江戶前期的俳句詩人，作品有《奧之細道》†），還有更古一點的有松永貞德（別號逍遙軒，一五七一～一六五三，江戶初期的俳句詩人、歌學研究者。作品有《逍遙愚抄》†），都是士族出身。但是到了江戶後期，文化的旗手差不多都是商人工匠了。然後，我們再反過來看，在江戶這個武士的地方，最讓商人工匠喜歡的文化是通過商人工匠之手來完成的。

司馬　這是比較有趣的新見解。經您這樣一說我才留心到，那商人工匠文學代表的西鶴，其實對武士也是很注重的。

基恩　寧可說是對武士很崇拜的。對武士的描寫，沒有一點壞的地方。相反，對商人工匠的描寫完全讓人聯想到的就如不同人種一樣。特別是閱讀《武家義理物語》可以看出，他認為武士是絕不會有什麼缺點的。武士一旦錢沒有了，如果生活上有困難的時候，與商人工匠的女兒結婚肯定不是好事，但是不與商人工匠的女兒結婚就不行。諸如此類的思考方式在西鶴身上是非常強烈的。

赤穗浪士

司馬　前面在談到忠義的話題時，我談過自己的觀點，我依然覺得日本人的忠義不是什麼儒教式的東西。儒教所謂的「忠」就是「誠實正派」，並不是要對自己的主人竭盡忠誠的那個忠義。其實還要再深一點、廣一點。而日本人的「忠」是什麼呢，就是對主人的忠誠。儒教在江戶時代曾經被大力提倡過，但是江戶初期仍是活生生的、對主人的忠義。比如說，元祿時代發生了赤穗浪士事件（一七〇二年，元祿十五年十二月十四日晚上，四十七位原赤穗藩的流浪武士襲擊了在江戶本所松坂町的吉良上野介〔吉良義央，上野介為官名〕的住宅，為舊主淺野內匠頭〔淺野長矩，內匠頭為官名〕報了仇†），赤穗浪士在通報自己姓名的時候，說是淺野內匠頭的家臣大石內藏助。而幕府末期的人不會自稱是毛利大膳太夫的家臣桂小五郎，而是長州藩士桂小五郎，或薩摩藩士西鄉隆盛之類的稱呼。這是因為整個社會的意識發生了極大的變化。也就是說，江戶時代末期的藩這個法人（組織）意識已經很鮮明地出現了，法人之中有主人，也有長官大人。但是，這不是淺野內匠頭，而是一種象徵。這象徵本身也出現了不得不持有對法人的忠誠心這一奇妙的現象。比如說有的時候在長州藩，毛利的長官大人如果不聽掌握著法人的過激集團的話，也許就會被過激組織毒殺而身亡。明治時期，毛利的長官大人曾經說漏過嘴，當被責問道「你在藩內的政治情勢發生變化的時候，總是附庸在強盛的一派，你自己是沒有主見的嗎？」得到的回答是「那時候，如果要守住個人的主見的話，早就被殺掉了」，所以，其實長州藩本身就是法人（組織）。

即使在同一個江戶時代，整個的江戶時代中最重要的詞語「忠義」與元祿時代和幕府末期相比，似乎有一種很大的改變。江戶時代把人套進一個模子的事，有也是有的，但可以說，從江戶時代的中期開始，本質發生了相當大的變化。

基恩　前年我的《忠臣藏》一書的英譯本出版了。在寫那序文的時候，我對什麼是忠臣的事情加以了思考。就在幾年以前，日本的學者中有些人認為，淺野內匠頭（赤穗藩主）從一開始就是一個小氣鬼，借了許許多多的債，是根本不值得浪士們崇拜的人物等等，盡是這樣一類的觀點。相反，都認為吉良上野介是一個非常了不起的男子漢，進行了農業灌溉的工事，讓農民們欣喜無比等，寫了這類內容。揭露出這些東西的歷史家，一定是想帶給讀者震撼吧。可是，我的立場是，當然，這完全是從純粹的忠義上來考慮的，如果真是這樣的話，我更認為赤穗浪士的忠義是難能可貴的。也就是說，竭盡全力忠於一位賢明的長官大人是誰都能辦得到的，而要對一個窩窩囊囊的長官大人竭盡全力以示忠義，我認為是了不起的忠義。

司馬 忠義這個東西就是如此吧。聽說我的祖輩親戚裡有參與忠臣藏的成員，所以相對來說，我不太喜歡忠臣藏這一事件，完全沒有考慮過要寫成文章，也沒有對此事做過思考。不過如果誰讚揚起吉良上野介，我還是會生氣。不管怎麼說，元祿時期像淺野內匠頭這樣窩囊無用的長官大人要讓自己的家臣對其竭盡忠義，而到了幕府末期，這樣的武士已經不再存在。忠誠也就變成了對藩的忠誠了。

基恩 所謂的忠義，就是不管怎麼樣不是絕對的東西就不行。得到了如此多的恩惠，就應該相應地回報如此多的忠義才行，完全就像在做交易似的，是商人的思考方式。如果是真正的武士，即使是受到橫蠻不講理的對待，為了長官大人仍會竭盡忠義之能。當時是有許許多多這樣的人吧。而依現代人的常識，在長官大人，特別是在人格上並不顯得特別高尚的長官大人下面供事的話，可以想像是相當受苦受難的，更何況是在那樣一種封建社會中，生活想必是非常苦不堪言的吧。但實際上，當時的人們似乎對能在長官大人底下受到俸祿覺得感恩不盡。而從現代的我們的眼光來看，做一個完全自由的浪人不是更好嗎？作為一個浪人要去什麼地方都可以，去什麼地方都可以混口飯吃。然而，當時的浪人卻對自己身為浪人而感到悲哀，絕對沒有被解放的輕鬆情緒。

司馬　那與其說是悲哀，還不如說是去地獄更好的感覺。對日本人來說，失去所屬的組織是一件令人恐懼的事。

江戸文学を翻訳して
翻譯江戶文學

基恩　在翻譯江戶時代的文學作品時，我常常想到的是這部作品究竟有沒有普遍性這個問題。江戶作品中最有普遍性的應該是芭蕉的作品吧。即使是外國人讀芭蕉的《奧之細道》和俳句，哪怕俳句是幾乎無法完全翻譯的，也會有肅然起敬的感覺。我想受過教育的外國人在讀過《奧之細道》的英譯本後，而不感動的人是很少的。然而，要說到近松，問題就完全不同了。因為其中摻雜了很多特殊的道德觀、倫理觀，阻礙了大家的閱讀興致。如果能在書中確確實實地描寫出人與人的關係，就很感激不盡了，實在可惜。比如說，《心中天網島》的最後一個場面，治兵衛和小春這兩個戀人，有一段如何處理治兵衛妻子情面的對話。如果兩人一同死去的話，那麼妻子的臉上就實在太沒有光彩了，所以哪怕是你去山上，我去海邊，兩人分開來死，這樣還能留給妻子一點臉面。像這樣一種理論，西洋的讀者看了會覺得摸不著頭緒，反正不都是殉情嗎？一個往高處去死，一個往低處去斷命，不是一樣的死嗎？這樣一種表面性的，滲透著最壞意義上的儒教性質。還不如說，這是無視了人性最純樸的內心流露，我認為這就是缺乏普遍性的證據。

不過，還有一個根本性的問題。平安朝的文學中，許多優秀作品都出自於女性之手，而且，就我的觀點來看，出自女性手筆的作品要比男性寫的作品更具有普遍性。女性對外部世界很少關注，而一直在凝視著自己的內心世界，人的內心世界是不會有太大變化的。嫉妒是任何國家的人都有的，戀愛也是這樣。女性所感受到的情感沒有國界，也不分時代，幾乎可以說是共通的東西吧。閱讀《紫式部日記》（日本平安中期的日記。作者紫式部為宮中供職的女性，用假名記錄了在宮中的見聞和感受†）和《蜻蛉日記》（平安時代的女流日記。作者為右大將藤原道綱之母。九七四年，天延二年以後的作品†），雖然和我們的時代有著不同之處，但是，她們所感受到的東西，和我們幾乎沒有什麼太大的差別。當然你也可以討厭寫《蜻蛉日記》的女性，這也是無可厚非的，不過討厭和不能理解是兩碼事。

就此觀點可以看出，江戶時代的文學都是男性寫的文學。男性考慮的是周圍的問題，也就是政治性或說是社會性的問題，又或者是儒教上的問題，僅此就被周圍的事情所左右，結果表現的大量內容都是一些現代人已經無法理解，甚至現代人已經根本不懂的現象性的瑣碎東西。相反，深居平安朝宮殿裡的女性，對外界幾乎是一無所知，所以，才寫出了內面的、本質上的東西。這也就是說，在江戶文學裡描寫的什麼地方的泥鰍味道鮮美，什麼地方值得去走一遭、看一下，而我們對這樣的瑣碎知識早已沒有記憶了。哪一個演員的鼻子很高的事情也許在當時是一個非常有意思的話題，而對我們來說都是一些興味索然的東西。就這一點來說，我的理解是，因為德川時代是一個鎖國的時期，而生活在當時的日本人都在愉快地爭相說著一個共同的祕密。

司馬　大家都在爭相說著一個共同祕密的時代，真是一個十分精緻的表現。

基恩　不過，平安時代或者司馬先生喜愛的戰國時代這樣的現象是完全沒有的，應該說要更開放。我極其認真地翻譯了近松的作品，從某種意義上來說，我覺得是成功的，但是，按英譯本的原樣上演我想是不可能的。演戲的情境不同，而最為難的就是道德觀的問題了。這是德川時代的特點，還有一個，如果讓我說的話，就是缺乏立體性。也就是說，無法區分德兵衛、治兵衛和忠兵衛之間的不同，都是大致一樣的美男子。雖然周圍的情況有所不同，但也還是差不多。莎士比亞當然是一個特例，但是，哈姆雷特、馬克白和李爾王無法區別是不可能的事。我們可以這樣考慮，德川時代的典型的美術是浮世繪，而浮世繪是沒有立體性的。也許可以說非常美麗，構圖上也非常精巧，色彩也極其艷麗。如果是春信（鈴木春信，一七二五～一七七〇，江戶時代的浮世繪畫家十）的浮世繪，我覺得每一幅都很美麗。不過，瀏覽十幅春信的浮世繪後，要想從中感受到這個人物大概是這樣的人格吧，那個人物肯定有很深的煩惱之類，絕對是難以想像的。僅僅是欣賞曲線的優美和色彩的感人。就這一點上可以來說，江戶文學是缺乏普遍性的。

司馬　最終可以看出的是，只表現了社會景況，而沒有人物。義理表現的是社會性的事情，不能把人情摻入進去。也知道是不應該摻入進去，無意中被逼上了梁山時，就會豎起義理和人情的柵欄，這時才會產生故事。可是，要一下子表現出人情時，只有人情味，立體感是不會一開始就從人物中冒出來的。

基恩　當然也不能忘記一個事實，那就是江戶時代的生活節奏要比我們所想像的緩慢得多。一旦有什麼事情發生了，會在二十年間一直談論這件事情。比如說，匈牙利出身的貝紐夫斯基男爵那位不可思議的人物，他的話多少是真的，多少是假的不知道，總之戰爭中當了俄國軍隊的俘虜，戴著手銬、腳鐐走在西伯利亞的荒野上。在堪察加半島流放途中，發生了暴動，便趁機搶奪了船隻逃到了日本。就是這樣一個人物，從奄美大島給長崎出島的商務館長寫了一封信，信的內容是，接下來俄國馬上就要來進攻日本了，請小心為荷。如今重新想來，就當時俄國的國情來判斷，肯定是沒有這樣的時間、精力和財力的。而為了這樣一件事，卻被作為國防上的一件重大問題被議論了整整二十年。如果是現在的話，即使發生了同樣的事件，三天就會偃旗息鼓了。剛才談到的「忠臣藏」事件也是，赤穗浪士們的復仇事件結束的時候，就已經有人想到把它搬上舞台了。然而，此後的五十、六十年間都有人一再地使用這個題材，稍微加上一點新的技巧，或者改變一下所要表現的主題再重新搬上舞台。現在我們閱讀的《忠臣藏》一書則是事件發生四十五年以後所寫成的作品。對同樣的東西大家居然能保持住如此長久的興趣。

司馬　那的確是不可思議的事情。把它變成了不同形式的表演藝術，不僅在歌舞伎裡，連說評書（一種民間曲藝，是一種全靠嘴說的個人表演‡）的書場上也能聽到。說評書的人還要編出一個類似忠臣藏別傳一樣的故事來。神崎與五郎翻越過箱根的山岳時受到了博勞的責備，於是低頭賠禮道歉。歷史上有過這一幕還是沒有過這一幕不知道，人們會反反覆覆地對那件事情加以評賞。

基恩　只能怪罪德川時代的事件實在是發生得太少的緣故吧。

司馬　我想我們現在一年內在報紙社會版上登載的事件，大概相當於德川時代兩百七十年間所發生的事件，也許還是兩百七十年中所發生的事件少。所以說，電視、電影裡常有斬殺和被斬的場面，許許多多的人都被殺掉了。如果真的那樣殺人的話，是不得了的事情。可以說，江戶時代是一個幾乎沒有殺人事件的時代。

基恩　如果近松現在還活著的話，肯定會因為寫作素材太多而招架不住的吧。

司馬　也許寫了三年就不想再寫下去了，小說家也不想當了。(笑)

奇人——江漢と源內
怪人——江漢和源內

基恩　我所感興趣的司馬江漢（一七四七～一八一八，江戶後期的學者、藝術家，憑藉西式手法作畫而聞名於世‡）和平賀源內（一七二八？～一七八〇，江戶中期的本草學者、戲劇家‡）最吸引人的地方，是他們都是江戶時代這個特殊年代出生的人。如果江漢和源內出生在當今的時代或戰國時代，就不會給人們帶來那麼多的驚奇了。也就是說，平均主義是當時幕府的政策方針。規定了所有日本人都應該怎麼做，運用儒教來維護德川政權的治安。如果能與此同步同調的人就能晉級高升，作為武士也能高人一等。然而，一定也有怎麼也難以同步同調而脫離社會的人。這種情況下，要是疏忽而被探子什麼的監察官們發覺了可疑點，是一件很可怕的事情。不過，也有可能有例外。就是怪人。只有怪人才會受到寬待。就像戰前日本的舊制高中生一樣（舊制高等學校的畢業生一定能進入帝國大學就讀，因此二戰結束前，考入舊制高等學校即意味著擁有跨入菁英階層的機會‡），也可以說是當時的怪人吧。雖然說，中學生和大學生是一般的存在……。

司馬 這真讓我吃驚，基恩先生連舊制高中生那種怪人炫耀的事情也熟悉。

基恩 特別是平賀源內確確實實是一個怪人。他是高松藩的武士，直到最後都和藩保持著關係。然而，沒有人像他那樣做過如此不尋常的事。閱讀有關他的傳記可以看出，同樣的一個人既是劇作家，也做陶器，寫政論，還發明了叫什麼火浣布（《山海經》中有火浣布的記載。是用石棉纖維織成的布，由於具有不燃性，燃之可去布上污垢，所以早期史書稱其為火浣布†），試著製作不易燃燒的布，還尋找礦山，是一個什麼事情都做過的人。另外，他的肖像有兩種類型，臉型完全不同，而且一點兒也不相似。一張是一個非常胖的人，一張是一個非常瘦的人，所以在我們的腦中無法描繪出平賀源內這個人的形象。但他的所作所為幾乎沒有留下任何痕跡。他創作的一部戲劇名叫《神靈矢口渡》有點意思，但是他的小說實在無趣。其他的還有油畫，展覽在神戶南蠻美術館的美人畫，我想也許帶有歷史意義，但是作為畫來說，並沒有什麼價值。這樣說來，他究竟什麼地方具有魅力呢？可以說，他是個極其複雜的人物，與我們認知的德川時代相去甚遠，實在是一個非德川時代式的人物。

司馬江漢也是一個很特別的怪人。在離死還非常早的時候，就給許許多多的人發出訃告說，司馬江漢死了，還問，為什麼沒有人來弔唁呢。讀他寫的作品，能感覺到那不可思議的現代感，現代人所存在的矛盾在他身上已經出現了很多。

人是矛盾越多越有趣，有矛盾才會知道這個人在想些什麼。本來是朱子學（儒學）的就把朱子學照本宣科地繼承下來的人物是無情無趣的。而像司馬江漢那樣，有一天信口開河說：「佛教毫無價值，完全不行」，過了一天，又說「這是無比卓越的宗教」。確實是充滿矛盾的說法，但是每一個論點都非常有意思。這個人每天都在變化，剛說了「絕對反對」，第二天也可能會改成「無條件贊成」。在那樣一個沒有變化才是了不起的時代裡，卻誕生了這樣一個人。現在看著司馬江漢的畫也會感覺到在美術層面算不上是什麼傑作，但是，有那樣的冒險精神，對新事物抱有旺盛的好奇心，而且，總想到萬事萬物都和自己有著千絲萬縷的連繫，不會把任何東西阻攔在自己世界的外面，對所有的東西都加以包容等等，這對生在德川時代的人來說，是極其難得的事情。他是一個蘭學者，但是還有許多人比他對蘭學更加熟悉。他的價值難以在這些地方表現出來。

司馬江漢最大的功績是把別人發現了的東西用淺顯易懂、充滿風趣的語言表現出來，同時配上很有意思的插畫來編成書加以普及。現在已經普及的插畫技術也許就是在司馬江漢的時候開始的。當然在他之前就已經有大量美麗的插畫出現了。從《源氏物語繪卷》的時代就已經開始了……。不過，我認為，除了文字內容以外，再用一張使內容更清晰明瞭的插畫塞進讀者大腦裡的方法是從司馬江漢的時期開始的吧。這可以肯定地說是受到了蘭學的影響。他在翻看荷蘭的書籍時，注意到那裡畫著插畫，還出現了一些比較有意思的人物在上面，比如說荷蘭的地圖上一定會出現象徵風一樣的女性……。

司馬　還有鯨魚在游泳什麼的……。

基恩　上面還有一些很有意思的房子，像這些東西他都深有感觸，我記得在日本也有類似插圖的書出版。總之，這兩人作為學者也許並非是一流的，作為文學者也很難說是一流的，然而，人卻是一流的。是最高級的充滿情趣的人物。

司馬　剛才剛開始的時候，您曾說到的，在江戶時代那拘謹的環境中，您指出只有怪人才受到寬大的事實，非常重要。那確實是應該這樣看待。對當時的人來說，被稱作是世俗之外的人。說到世俗之外的人，醫生、和尚、神官等也是，凡是士農工商這些等級以外的人就都是。但是，剛才您說的源內和江漢都是武士，是等級之內的人。如果是在這些等級裡的怪人是能被容忍的。這應該怎麼說呢，社會對此不寬容是不行的。光自己一個人擺怪人架子也是毫無意義的。那人是怪人，就寬容他吧，這樣的傳統在日本是有的。

仔細想來，其實日本人是有崇拜怪人這一現象的。但是，怪人在江戶體制下做了那樣的事情其實是要被梟首示眾的。而被若無其事般地受到了寬大處理，如果沒有什麼默認的理由是不可能的。比如說，寬容了平賀源內也許要梟首示眾的理由應該是什麼呢？作為法律以外的存在來冷卻，就以那個人不能套上法律或者慣例之類的規則來處理吧，這樣一種精神上的習慣可能是有過的。

基恩　也許社會上需要有這麼一個出口的存在吧。即使是在如此拘謹的江戶時代也不例外。如果是早期的話，無論是日本也好，歐洲的中世紀也罷，這樣一類人肯定都會削髮當和尚。除了當和尚別無選擇。然而，在近代的一流人物並未成為僧侶。就算不出家遁世，只要有怪人這一特殊頭銜或掛上這樣的標籤，就能做一般人不被允許的各種事情。像司馬江漢那樣過著任性無比的生活，走的肯定是與德川時代模式完全相反的道路，卻一次也沒有被問過罪，不會被責罵過。大家大概都覺得，反正是一個怪人，也就拿他沒有辦法了。

司馬　所以說怪人如果沒有高度智慧和極其豐富的知識，或說沒有與眾不同的傑出之處是完全不行的。只要持有這些武器，作為封閉社會的一個出口，讓人貼上這一標籤，雖然極少見但也是有的一例吧。

基恩　這是極罕見的例子。

本居宣長——むすび

本居宣長——尾聲

司馬　漸漸地我們的對談不得不走向尾聲了。我想我們始終圍繞著「究竟什麼是日本的文化」這一主題進行了思考。我的想法是，日本並不是一個能對外產生影響的國家。這能從世界史上，或者地理的環境上找到原因。日本是一個能把許許多多的東西積存下來的國家，在中國已經消失的東西卻能在日本被保存下來。不管是在文化上，還是在語言上，當然還有在建築上，都在正倉院（位於奈良市東大寺大佛殿西北面的寶庫。建造於天平時代。其中收藏的寶物有聖武天皇心愛的東西，東大寺的文書、寺寶等，還包括波斯、亞洲的遺物及東洋美術的精華。現為宮內廳所管†）裡保存著。那麼，再把這些重新推向中國，或者作為一種思想再反過來對中國思想產生影響，這好像又是不可能辦到的。就說植物吧，由中國通過朝鮮傳到日本以後，也就在日本扎下了根，但是沒有聽說再從日本走出去的事。也就是說，即使是再移植回到中國，聽說也會枯死的。這種現象好像也存在於微生物的世界。所以，從文化上來說，如果日本的國土再廣闊一點，就希望把世界的文化保存下來，總之，國土太狹窄也是無可奈何的事情。

基恩　日本人總是為有沒有代表日本的東西而擔心，從以前就一直如此。像這樣的煩惱在國學家中特別多。本居宣長（一七三〇～一八〇一，江戶中期的國學者。被譽為國學四大家之一†）等人，使用的都是純粹的和語（日本固有的語言†），這也就是說，與當時日常生活中所使用的語言完全不同。但為了盡可能避免使用不純的外來語，創造出了不可思議的、完全不自然的日語。現在的日本人所抱著的不安也同樣是，具有日本特徵的東西能以什麼樣的方式流傳下去，日本式的東西會不會走向滅亡。我的觀點是只要日本國民的這一形態還能繼續存在，日本的東西肯定能以某種形式、可能的表現手法展現出來。有意識地想表現出特徵的話，就會如本居宣長那樣變得不自然起來。

司馬　我大大地贊成。在對談快要結束的時候，出現了語言這個話題。硬要表現出具有日本特色的東西的話，就會令人作嘔。宣長的東西是不是令人作嘔

《正倉院天保四年御開封圖》作者不詳・奈良時代（8 世紀）

我們暫且不說，那些是不自然的東西。關於本居宣長，我也曾對小林秀雄（一九〇二～一九八三，日本近代文學評論界的泰斗†）表述過，我從小時候直到現在，讀他的文章都會在生理上產生不快，完全沒辦法。基恩先生您有嗎？

基恩 完全有同感。

司馬 您也這麼想嗎？我還以為只是我一個人是這麼想的呢。心裡一直沒有把握。

基恩 他的確是一個很了不起的學者，但是讀他的文章實在覺得古怪。

司馬 比如說，《玉勝間》這一篇文章雖然感覺到它是一件精細的工藝品，卻沒有一種生動的氣氛。所謂的文章，不管是誰的，總會有什麼打動人心的地方。而《玉勝間》卻沒有這樣的感覺。

基恩 在思考日本文化的未來時，也是同樣的。現在對我們來說，高速公路呀、公團住房（公營住宅）什麼的是嶄新的，但也是醜陋的。過了一百年以後，也許會變成令人緬懷的古老東西。就在不久前，看到電燈泡，和我在一起的人說了一聲：好熟悉，真令人懷念。我問他為什麼覺得懷念，他說，現在自己的家裡全部都裝上了螢光燈，所以看到以前的電燈泡就覺得很新奇。說了這麼多，當然與日本古來的文化毫無關係，但是隨著時光的流逝，任何東西都會自然而然地陳舊起來，任何東西都會令人懷念起來。我們的想法是，汽車是永遠的東西吧，然而，如果發明出與汽車完全不一樣的東西，而現在的高速公路究竟會變成什麼呢？也許會變成讓我們無法想像的漂亮的東西了，也許會變成了花圃什麼的了。（笑）

司馬　有道理。這是一個規模極大的話題，也許是用不著我們來杞人憂天的吧。

當被問及能否和司馬先生進行一次對談的時候，我感覺到這是一個榮譽的同時，也多少抱有一些不安。因為多年以來一直都埋頭於古典文學堆裡的我，幾乎沒有拜讀過司馬先生的小說。當然，是不用擔心會有有關司馬文學的考試的，但是，總覺得一定會在什麼方面因為自己的學習不夠而冒出什麼笑話來。也許主持人會突然問我「司馬先生的小說中你最喜歡哪一本？」此時，我會窮於應付的。

正在我躊躇不定究竟是否要參加的時候，司馬先生已經答應出席這次的對談了，並且，據說附加的條件是基恩先生不要事先去讀自己的小說。聽了之後，我便消除了憂慮，欣然同意了出席這次的對談。

因為以前從來沒有過這樣長時間對談的經驗，當我聽說要預定在奈良、京都和大阪分三次進行對談，真擔心沒有這麼多的話題。而且，說一句老實話，還對司馬先生多少帶著一點顧慮也是不可否認的事實。我生怕他也許會提出這樣的提問：「日本的明治那個時代有一個叫夏目漱石的日本人的小說家，不知您聽說過沒有？」不過，談話還沒有超過五分鐘，所有的擔心就煙消雲散了。我們就像多少年以前的老朋友那樣侃侃而談，把自己平生所留心到的「發現」，或者一直想說給誰聽聽的新的見解充分發揮，得到了一種快感，不僅沒有話題不足的問題，相反卻一個連接著一個地湧現了出來。

兩個都是屬於喜歡交談的人，或者就好像偶然坐在火車上互為緊鄰時，聊了七、八個小時而編成的「對談」內容那樣。如果對這樣的對談是想用站在一邊聽聽的心情來閱讀這個對談的讀者，恐怕也願意和我們一起進行這樣一次愉快的旅行吧。說實在的，我也希望讀者能帶著這樣一種心情來閱讀這本書。

唐納德基恩

譯後記　日本人與日本文化的風貌

吳守鋼

《日本人與日本文化》是一本大和民族出身的作家司馬遼太郎和星條旗下生長的學者唐納德基恩的對談記。二十世紀七〇年代初，由重視學術、在知識界享有盛譽的出版社中央公論社社長嶋中鵬二牽頭而誕生的作品。對談的場所是以日本關西名勝「平城宮跡」、「銀閣寺」、「適塾」這些古色古香的歷史遺址為舞台，有時也在日式飯店（料亭）裡邊喝邊談的對話紀錄。

對談雙方都經歷了第二次世界大戰。借用司馬的原話來說，是「共同體驗了那場戰爭這個意義上來說的戰友」，當然，結局是一個全勝，一個慘敗的戰友。戰爭當時，司馬從大阪外國語學校蒙古語系（現大阪大學外國語系蒙古語專業）提前畢業，被派往前線牡丹江坦克部隊；而從哥倫比亞大學畢業後的基恩此時則服務於美國海軍部，擔當日文翻譯官。

近三十年後，即舉行這場對談時，年齡相差無幾的倆人都已進入「知命」之年。身為作家的司馬遼太郎因《盜國物語》、《龍馬行》、《坂上之雲》等歷史小說蜚聲文壇，而學者基恩是哥倫比亞大學教授，正在執筆英文版《日本文學史》。《日本人與日本文化》一書以「日本人」和「日本文化」為主題，看似一般，屬常見的話題，猶如大街上的路燈，到了晚上就會在走在路上的行人頭上亮起來一樣。但又不一般。

在此書之前，筆者曾讀過至今也印象極深，有著同樣主題的《菊與刀》。二戰接近尾聲，眼見日本人即將成為階下囚時，美國政府委託人類學家露絲・潘乃德運用文化人類學方法，從文化類型理論的角度提交一份調查、分析日本國民性格的研究報告，便於戰後解決盟軍是否應該佔領日本、佔領後應該如何管理這塊土地的諸問題。此後，這位人類學家將報告的主要內容整理成書而出版。《菊與刀》被界定為美國文化人類學史上第一本日本文化論。因提出日本文化有其獨特的行為規範，即「恥的文化」這一獨到的見解而引人注目，同時，也引來了是否有把日本文化與其他文化對立起來的質疑，即刻意模仿歐美文化中良心自律的「罪的文化」之說而來。

從來沒有踏上過這塊土地過的露絲・潘乃德對日本文化和日本人的解讀方法主要是在熟讀有關的文獻資料，以及與日裔移民的交流中獲得的。這份由學者在研究室裡編寫出來的綜合性學術研究報告，猶如大夫在手術室的無影燈下，操持著手術刀一樣，冰冷而不帶人間煙火，或者從某種意義上來說是「隔岸觀火」。

對比起來，《日本人與日本文化》則不同。

文化背景迥異的一個作家，一個學者，有如兩個廚師。一起走進廚房施展身手，然後展現在讀者眼前的是壽司、生魚片、天婦羅、還有咖哩飯……讀者在品嘗這些美味的同時，直接感受到兩位廚師的體溫。

從端上來的琳瑯滿目、大盤小盤中可以看出對談者審視問題的獨特角度。

作家和學者都覺得，日本文化獨特性的諸多因素在於，這個四處皆水的島國既有其封閉性的一面，更有其開放性的一面而形成，這一論點看似矛盾卻很切實。

書中先將日本的文化形式的豪放型與纖細型擺上餐桌供讀者品嘗，接著展示道德倫理觀中的忠義與背叛的不可思議、武士文化與商人文化的迥異等。兩位廚師用各自的目光檢視日本文化的誕生、日本人的倫理道德、美的意識等，再從世界性的視野來審定日本人的形象。

作家司馬遼太郎的觀點是，日本人的可貴之處是不會被難以理解的原理所左右，所以在這樣一個碟子裡盛滿了各種各樣的外來文化。當他談到具有本土特色的文化形式、道德觀等時，特別強調對外來文化的吸收，從接受中國文化、西歐文化的方式這一角度挖出日本人的倫理觀、審美意識的獨特性。

學者基恩同樣也強調外來文化的影響，更指出外來文化所具有的潛移默化的作用。在悠長的歷史中日本人巧妙地從外來文化中挑選出適合自己的元素，然後為我所用。

對談中，作家和學者把主題切成對外意識、美學意識、宗教觀、戰爭觀、倫理道德等具體素材來入微地剖析，從中找出究竟什麼是日本式的東西。因此，

「日本人」和「日本文化」的主題前面應該加上「外來文化影響下的」這個限定框架，也就是說，談日本人與日本文化，離不開外來的因素，這因素不管是積極的還是消極的。

當然，對談者也互相持有不同的見解，見解的不同之處竟迸出了不少火花。不，不只是火花，甚至可以說是白熱化。對談，應該亮出各自鮮明的觀點，而不是互作附庸、模稜兩可。如果只是一個闡述觀點，一個應聲附和，就會流於形式，失去了思想與思想碰撞的機會，也就很難出現亮點、色彩或火花。

在有關日本人的倫理道德這個主題上特別明顯。例如，談到儒教對日本人的行動和倫理上的影響時，司馬覺得世界上絕大多數的民族在漫長的歷史進程中，因受基督教、伊斯蘭教以及儒教等絕對原理型宗教的洗禮之後形成了相應的社會秩序。儒教作為一種原理是否也洗禮了日本人和日本文化了呢？他的回答是否定的，說江戶時代是個愛學習的時代，但是學了之後，似乎影響不大，至少存在著局限性。

對此，基恩的看法截然不同，他以戲劇「人形淨琉璃」和「歌舞伎」為例，覺得儒教不僅在江戶時代已經潛移默化廣泛流傳，甚至現在也有很深很強的影響。

此次對談之後，倆人成了終生摯友。而且因為此書的暢銷，二十年後倆人再次合作，出版了一本對談續篇《在世界中的日本》。

如今，對談的倆人都已先後作古，但是，他們的思想依然在發光。就如《源氏物語》的作者紫式部所說，是人總會有一死，而寫下來的東西是不會消失的。

作家的司馬遼太郎

司馬遼太郎原名福田定一，司馬遼太郎是其筆名，取「遠不及司馬遷的日本人」之意。日本大眾文學的巨匠，日本國民中最受歡迎的作家、歷史小說家。

所以，不用贅述，讓他的小說來說話即可：●韃靼風雲錄（一九八七）透過日本人桂莊助的視角描寫了明末清初的一段歷史●項羽與劉邦（一九八〇）以公元前的楚漢之爭為舞台，為那個時代的各式人物提供了一個登台演出的機會●坂上之雲（一九六九）再現了日俄戰爭的那一瞬，明確了明治維新的必要●宮本武藏（一九六八）江戶時代初期的劍術家宮本武藏的一生●龍馬行（一九六三）以明治維新先驅的坂本龍馬為主角，再現了大時代的風雲變幻。等等，等等，不一而足。

他的筆縱橫馳騁於古今中外。廣泛的知識，多彩的筆墨，歷史場面與個人恩怨的參差都能映現在他的書裡，令人嘆為觀止。

司馬寫的是小說，然而，根據的史實並不虛構。他就像寫論文一樣，嚴謹地處理手中的史料，情節綿密而不戴有色眼鏡，忠於歷史舞台的每一幕。據說，他在收集資料上不惜投入巨資，常常會花費上千萬日元，開著小型卡車，類似抄家一樣走進舊書店去採購橫掃。有趣的軼事是，只要他開始收集有關資料，有關的舊書店裡的有關資料就會被一掏而空般地虛脫起來。

司馬自小就涉獵廣泛。同時，又是一個不太符合如今的好學生標準的頑皮孩子。喜歡逃課，喜愛亂讀書，古今中外什麼書都會拿在手上翻一翻。他在常去的書店裡，站著把宮本武藏全集讀完。因為總是白讀，書店老闆很不高興，有一次下逐客令說，這裡不是圖書館，以後別再來了。他回答，以後還會來，來這裡買很多很多書回家。

另外，司馬與臺灣裔日本人，也是著名歷史小說家陳舜臣是摯友，兩人是大阪大學外語系的同期同學，前者學蒙古語，後者學印度語。

學者的唐納德基恩

與超有人氣的作家、歷史小說家司馬比，唐納德基恩顯得有點寂寞，不過一個學者而已，但是，身手不凡。可以說是地地道道的日本通。

基恩是日本歐美裔日本學學者、教師、作家、日本文學文化翻譯家。曾在哥倫比亞大學任教超過五十年。讀讀他的自傳片段吧。

- 一九四〇年，十八歲的基恩經過美國時代廣場時，因為覺得便宜，以四十九美分購得亞瑟・偉利翻譯的《源氏物語》，由此開啟了對日本文學和文化的終身之旅。
- 一九四七年，哥倫比亞大學，在日本文化研究導師角田柳作的指導下獲得碩士學位。同年，在哈佛大學深造。
- 一九四八年，在劍橋大學學習五年，同時擔任講師。
- 一九四九年，獲哥倫比亞大學東方研究院博士學位。
- 一九五三年，在京都大學留學。
- 一九五五年，成為哥倫比亞大學副教授、教授、此後名譽教授。

綜觀基恩的學術生涯，說他是東西文化的橋樑似乎有點偏頗。一生中，主要在英語圈裡對日本文化作了廣泛的介紹和解說。所以，他自稱是日本文學的傳教士，也許是很恰當的自我評價。

基恩著作等身，涉獵極為廣泛，古典到現代，文學、戲劇、遊記、日記均有，松尾芭蕉、太宰治、三島由紀夫、明治天皇、足利義政將軍等均在其研究翻譯的範圍。

他對日本古代文化中的能、狂言和歌舞伎等不僅表現出了興趣，造詣也深。在京都留學期間，跟著老師學書法，也熱心地學古代戲劇，並作為演員上台出演，台下的觀眾席上竟然坐著谷崎潤一郎、三島由紀夫、川端康成等文化人。

出版沉浮

《日本人與日本文化》一書，其實十多年以前就已翻譯完成，然後一直沉睡在書桌抽屜的一角，賽過廢紙一堆。

並非因為沒有問津的出版社，正相反。

筆者初次投給北京某出版社時，立即被接受了。不僅接受，出版社很快就與日方簽約並付費，卻因為書中出現了一個忌諱的人名，審查未能通過而擱淺。

此後，筆者又投給上海一家一流外文翻譯出版社，也馬上回信說願意出版。因為有前車之鑑，筆者事前曾告知以前未能出版的緣由。此出版社信心十足，回答不會有問題。

結果呢，可想而知。

去年年底，筆者曾作為一則軼事，與啟明出版社林聖修社長閒聊中談起。未料社長自告奮勇，欣然答應願意試試。前後不足三個月，即已事成。

速哉，快哉。

在此向林聖修社長及李那編輯深表謝意。

並以此漢譯本，告慰九泉之下的司馬遼太郎和唐納德基恩兩作者。

是為記。

中國	日本	事項		
	飛鳥時代	350?		至四世紀中葉、大和朝廷的統一
		538		百濟聖王贈送釋迦佛金銅像一尊、幡蓋若干以及經論若干卷
隋		593		聖德太子攝政
				創建難波四天王寺
		607		遣小野妹子往隋朝
		630		派遣犬上禦田鍬往唐朝（最初的遣唐使）
唐		645		大化革新（開始使用年號）
		701	大寶1	制定大寶律令
	奈良時代	710	和銅3	遷都平京城
		712	和銅5	**古事記**成書〔太安萬呂〕
		720	養老4	**日本書紀**撰成〔舍人親王〕
		727	神龜4	渤海使來朝，與渤海開始外交往來
		751	天平勝寶3	現存最早漢詩集**懷風藻**成書
		752	天平勝寶4	東大寺大佛開光
		759	天平寶字3	大伴家持參與編撰現存最早和歌集**萬葉集**
	平安時代	794	延曆13	遷都平安京
		805	延曆24	最澄歸朝，天台宗始
		806	大同1	空海歸朝，真言宗始
				◯敕撰漢詩集**凌雲集**、**文華秀麗集**相繼成書
		858	天安2	藤原良房開始履行攝政職務
		887	仁和3	藤原基經出任關白一職（關白之職伊始）
		894	寬平6	遣唐使廢止
				◯出現歌物語**伊勢物語**、最早的物語作品**竹取物語**
五代		901	延喜1	菅原道真左遷大宰權帥
		905	延喜5	敕撰和歌集**古今和歌集**撰成〔紀貫之等〕
北宋		935	承平5	史上可考的第一部日記文學作品**土佐日記**撰成〔紀貫之〕

北宋	平安時代	939	天慶2	承平天慶之亂（平將門之亂與藤原純友之亂）
		985	寬和1	淨土教**往生要集**成書〔源信〕
				◯女流日記**蜻蛉日記**〔藤原道綱之母〕
				◯隨筆散文集**枕草子**〔清少納言〕
				◯世界最早的長篇寫實小說**源氏物語**問世〔紫式部〕
		1017	寬仁1	藤原道長就任太政大臣一職
				◯後期王朝物語**濱松中納言物語**成書
		1052	永承7	史稱佛滅兩千年末法初年
		1086	應德3	白河法王開始院政執政
				◯傳記體歷史物語**大鏡**
				◯民間故事集**今昔物語**◯**源氏物語繪卷**問世
		1124	天治1	良忍開始融通念佛宗的傳教
南宋		1156	保元1	保元之亂
		1159	平治1	平治之亂
		1167	仁安2	平清盛就任太政大臣
		1169	嘉應1	歌謠集**梁塵祕抄**〔編者：後白河法王〕
		1180	治承4	源賴政舉兵（於宇治敗陣而死）、源賴朝舉兵
		1185	文治1	壇之浦之戰、平氏滅亡
				◯歌集**山家集**成書〔歌僧・西行法師〕
		1191	建久2	臨濟宗創始人榮西歸朝弘揚禪宗（臨濟宗）
	鎌倉時代	1192	建久3	源賴朝在鎌倉建立幕府
				◯敕撰和歌集**新古今和歌集**〔編者：藤原定家等〕
				◯隨筆**方丈記**〔鴨長明〕◯史論書**愚管抄**〔慈圓〕
		1221	承久3	承久之亂
				◯ 淨土真宗根本聖典**教行信證**〔親鸞〕
		1227	安貞1	道元歸朝，弘揚曹洞宗
		1232	貞永1	執權北條泰時制定武士政權法律**禦成敗式目**五一條
				◯軍記物語**平家物語**成書〔作者不詳〕

	鎌倉時代	1253	建長5	日蓮、法華宗（日蓮宗）開始
元		1274	文永11	文永之役，元軍遠征日本
		1331?		◯隨筆體**徒然草**〔吉田兼好〕
		1334	建武1	建武中興，後醍醐天皇親政
	室町時代	1338	曆應1	足利尊氏，建立室町時代
		1342	康永1	確立五山十剎
明		1392	明德3	南北朝合一
		1397	應永4	足利義滿建金閣寺
		1404	應永11	勘合貿易開始
		1418	應永25	編成能樂傳書**花傳書**〔世阿彌〕
		1452	享德1	**連歌初學抄**連歌新式追加〔一條兼良〕
		1467	應仁1	應仁之亂爆發
		1483	文明15	足利義政建銀閣寺
		1531	享祿4	一向宗起義
		1543	天文12	葡萄牙船漂流至種子島，火繩槍的傳入
		1549	天文18	方濟沙勿略，天主教的傳播
	安土桃山時代	1590	天正18	豐臣秀吉統一全國
		1591	天正19	千利休自殺
		1592	文祿1	文祿之戰（秀吉朝鮮出兵）
		1600	慶長5	關原之戰（決定天下的戰爭）
	江戶時代	1603	慶長8	德川家康開啟江戶幕府
		1619	元和5	近代朱子學之祖藤原惺窩去世
清		1630	寬永7	江戶初期儒學家、 幕府御用文人林羅山於忍岡建昌平阪學問所
		1637	寬永14	島原之亂
		1639	寬永19	禁止葡萄牙船隻入港（第五次鎖國令）
		1682	天和2	通俗小說**好色一代男**問世〔井原西鶴〕
		1689	元祿2	遊記和俳句集**奧之細道**問世〔松尾芭蕉〕
		1702	元祿15	赤穗浪士復仇

清	江戶時代	1703	元祿16	戲劇**曾根崎心中**問世〔近松門左衛門〕
		1709	寶永6	幕府錄用朱子學者新井白石
		1716	享保1	吉宗著手享保改革
		1754	寶曆4	山脇東洋初次進行人體解剖
		1774	安永3	第一本譯自荷蘭文的人體解剖學**解體新書**出版〔譯者：杉田玄白、前野良澤等〕
		1789	寬政1	司馬江漢開始創作油畫和銅版畫
				實行禁止異學之政
		1798	寬政10	**古事記**之研究著述**古事記傳**問世〔本居宣長〕
				荷蘭商館祕書亨德里克德福來日
		1808	文化5	間宮林藏發現間宮海峽
		1828	文政11	西博爾德事件
		1838	天保9	緒方洪庵於大阪開適塾
		1853	嘉永6	美國海軍將領培里於浦賀入港
		1854	安政1	簽署日美和睦條約
		1857	安政4	海軍軍醫龐貝來日
		1859	安政6	安政大獄
		1864	元治1	法國公使羅什上任、四國聯合艦隊下關攻擊
		1866	慶應2	英國駐日公使佐藤愛之助執筆**英國策論**
	明治時代	1868	明治1	明治維新
		1872	明治5	**勸學篇**出版〔福澤諭吉〕
		1873	明治6	公布徵兵令、西周等成立啟蒙學術團體明六社
		1876	明治9	美國教育家克拉克出任北海道札幌農學校（今北海道大學）首任副校長
		1877	明治10	西南戰爭、西鄉隆盛自殺身死
		1884	明治17	美國東洋美術史家費諾羅薩創立鑑畫會
		1885	明治18	**佳人之奇遇**〔東海散士〕等政治小說盛行
		1889	明治22	大日本帝國憲法頒布

清	明治時代	1890 明治23 小說**舞姬**〔森鷗外〕發表、 小說家赫恩（小泉八雲）來日
		1894 明治27 甲午戰爭（～1895）
		1896 明治29 小說**多情多恨**發表〔尾崎紅葉〕、民法制定
		1902 明治35 隨筆集**病床六尺**發表〔正岡子規〕
		1904 明治37 日俄戰爭（～1905）
		1905 明治38 **我是貓**、**倫敦塔**問世〔夏目漱石〕
		1910 明治43 因法律的修改謀反罪驟增、日韓合併

（以下略）

本書收錄圖片出處

44頁	月百姿	東京都美術館
55頁	大日如來坐像	奈良国立博物館
66頁	風信帖	京都東寺
79頁	足利義政像	東京国立博物館
98頁	洛中洛外圖屏風	米沢市上杉博物館
109頁	壇之浦戰役	歌川國芳繪
129頁	九臟背面圖	蔵志
145頁	方濟沙勿略像	日本の歴史別巻2図録
172頁	荷蘭商館宴會	荷蘭海事博物館
183頁	西博爾德的手術工具	東京国立博物館
193頁	薩道義	A Diplomat in Japan

199頁	費諾羅薩	Fenollosa: the Far East and American Culture
201頁	張伯倫	愛知教育大学
205頁	江戸開城談判	聖徳記念絵画館
224頁	本朝二十不孝	早稲田大学図書館
235頁	古今珍物集覽	東京国立博物館
259頁	正倉院天保四年御開封圖	東京国立博物館
265頁	司馬遼太郎與唐納德基恩	日本人と日本文化（中央公論新社）

司馬遼太郎
しばりょうたろう
Shiba Ryotaro
1923 - 1996

日本著名的歷史小說家，生於大阪。一九四四年於大阪外國語大學畢業，擔任過《新日本新聞》、《產經新聞》記者，一九六一年開始致力於文學創作。著書有《梟之城》、《龍馬行》、《豐臣家的人們》、《盜國物語》、《殉死》、《花之館》、《坂上之雲》、《棲世日日》、《歷史紀行》等著作。

唐納德基恩
ドナルド・キーン
Donald Keene
1922 - 2019

美國的日本文學研究家、文學評論家、翻譯家。生於紐約。哥倫比亞大學法國文學專業畢業。戰後在同大學大學院專攻東洋文學。一九五三年在京都大學留學，一九五五年於哥倫比亞大學任教。後移居日本並歸化。名字的日文漢譯是「鬼怒鳴門」。著書有《Japanese Literature》、《日本人的西洋發現》、《日本人的作家》、《日本文學史近世篇上下》、《明治天皇》、《足利義政與銀閣寺》等，譯作有《近松傑作集》、《人間失格》等。

日本人與日本文化

司馬遼太郎　唐納德基恩

二〇二四年十月七日　初版第一刷

作者　司馬遼太郎、唐納德基恩
譯者　吳守鋼
編輯　李那
發行人　林聖修
設計　何婉君（HOUTH）＋劉育齊
書封攝影　黃紀滕（HOUTH）

出版　啟明出版事業股份有限公司
郵遞區號：一〇六四一五
台北市大安區敦化南路二段五十七號十二樓之一
電話：〇二二七〇八八三五一

總經銷　紅螞蟻圖書有限公司
法律顧問　北辰著作權事務所
國際標準書號　九七八—六二六—九八四八二—八—七

定價標示於書衣封底。

國家圖書館出版品預行編目（CIP）資料

日本人與日本文化／司馬遼太郎，唐納德基恩著；吳守鋼譯。
—初版— 臺北市：啟明出版事業股份有限公司，2024.10。
288 面；12.8 x 18.8 公分
ISBN 978-626-98482-8-7（平裝）

1.CST：民族文化　2.CST：文化研究　3.CST：文化史　4.CST：日本

731.3　　113010198

NIHONJIN TO NIHON BUNKA
日本人と日本文化
by Shiba Ryōtarō and Donald Keene